ALLIANCE DES MAISONS D'ÉDUCATION CHRÉTIENNE

R. P. J.-M. LAMBERT

MISSIONNAIRE APOSTOLIQUE

L'ÉDUCATION

DE LA JEUNESSE

PAR LE PRÊTRE

PARIS

LIBRAIRIE CH. POUSSIELGUE

RUE CASSETTE, 15

1900

L'ÉDUCATION

DE LA JEUNESSE

PAR LE PRÊTRE

Sur le rapport du R. P. REGNAULT, Assistant général des Eudistes, Président de *l'Alliance des Maisons d'éducation chrétienne,* Nous permettons l'impression.

Paris, le 5 Janvier 1900

X. BUREAU,
vic. gén.

ALLIANCE DES MAISONS D'ÉDUCATION CHRÉTIENNE

R. P. J.-M. LAMBERT

MISSIONNAIRE APOSTOLIQUE

L'ÉDUCATION

DE LA JEUNESSE

PAR LE PRÊTRE

PARIS

LIBRAIRIE CH. POUSSIELGUE

RUE CASSETTE, 15

1900

LETTRE DU T. R. P. REGNAULT

ASSISTANT GÉNÉRAL DES EUDISTES

PRÉSIDENT DE L'*Alliance des Maisons d'Education chrétienne*

A L'AUTEUR

MON RÉVÉREND PÈRE,

Je connaissais quelques-uns de vos ouvrages précédents, et notamment *Le Régime sauveur*, que j'avais lu avec grand plaisir et grand fruit. *L'Éducation de la jeunesse par le prêtre,* que je viens de lire est certainement digne de ses aînés; il fera du bien et contribuera à entretenir chez tous les professeurs de nos Maisons ecclésiastiques ou religieuses les vues surnaturelles dont ils doivent s'inspirer dans cette grande œuvre de l'éducation de l'enfance et de la jeunesse.

Aucun doute pour moi : votre livre honorera la collection de l'*Alliance,* et sera favorablement accueilli dans nos Maisons.

Veuillez agréer, mon Révérend Père, l'expression de mes sentiments bien respectueusement dévoués.

E. REGNAULT.

AVANT-PROPOS

La question de l'éducation de la jeunesse est une de celles qui, à toutes les époques de notre histoire nationale, ont préoccupé, à juste titre, les esprits sérieux.

Toutefois, cette question a pris une importance plus grande encore à notre époque où l'enseignement antichrétien s'est posé, par la création des écoles neutres — ce qui revient à dire des écoles sans Dieu — en adversaire déclaré, irréconciliable, de l'enseignement chrétien, et où, pour empêcher la formation morale de la jeunesse, pour tuer la religion et détruire le catholicisme en France, l'État, faisant pratiquement divorce avec l'Église, s'est arbitrairement attribué le monopole de l'instruction primaire et de l'éducation de la jeunesse sur toute l'étendue de notre territoire.

Dans ce conflit des deux pouvoirs, ou, pour mieux dire, dans cette lutte engagée entre la foi et l'incrédulité, ou, tout au moins, le scepticisme religieux de l'État, des efforts ont été faits, depuis surtout une vingtaine d'années, pour conjurer les effets désastreux de cette campagne gouvernementale contre l'éducation religieuse de la jeunesse et pour assurer à l'enseignement chrétien toute la liberté désirable.

Au prix d'énormes sacrifices, des catholiques au cœur noble et généreux, ont essayé de soustraire au despotisme pédagogique de l'État la proie qu'il convoitait, cette jeunesse, capable de tout bien ou de tout mal, selon l'orientation initiale qu'elle aura reçue.

Dans ce but, ils ont coopéré très activement à la fondation et au soutien des écoles libres et des établissements d'éducation dirigés par des religieux ou par des prêtres. Dans toute l'indépendance de leur foi et de leur liberté religieuse, ils y ont fait élever leurs enfants, au risque de les priver des faveurs de l'Etat, ne voulant, à aucun prix, les soustraire au bienfaisant enseignement de l'Église.

Ce qui s'est fait pour les maisons d'enseignement primaire, s'était déjà fait pour celles d'enseignement secondaire. Préoccupé des idées d'autrefois sur l'omnipotence de l'État et sa défiance envers l'Église, le premier Empire avait établi son monopole sur l'enseignement secondaire et supérieur. La Restauration avait maintenu ce monopole avec une rigueur digne du précédent régime. La Royauté de 1830 avait encore accentué ces tendances, à ce point qu'elle suscita, par ses excès mêmes, la grande lutte de la liberté d'enseignement. Après cette lutte mémorable, qui fera l'éternel honneur des catholiques de France, la loi de 1850 permit à l'Église d'avoir ses collèges et ses écoles libres. Mais au mépris de cette loi, les tracasseries mesquines, les vexations odieuses, les persécutions tour à tour sourdes et ouvertes, n'ont pas manqué, depuis vingt ans surtout, de restreindre la liberté de l'enseignement chrétien et de manifester les intentions hostiles d'un gouvernement sectaire.

Dieu merci, la lutte s'est poursuivie avec avantage pour les tenants du Christ et de sa loi. Le nombre des jeunes gens élevés dans les écoles catholiques, bien loin de diminuer, n'a fait, au contraire, que s'accroître[1]. Les succès remportés par eux, dans les examens en vue de leur admission aux grandes écoles de l'État ou de leur entrée dans les diverses carrières libérales, ont surabondamment démontré que les familles chré-

1. Il est intéressant d'en recueillir l'aveu dans l'Enquête parlementaire faite, dans ces derniers mois, sur l'enseignement secondaire.

tiennes avaient eu raison de confier leurs enfants à leurs véritables éducateurs.

Ces résultats n'ont pas été les seuls ni les plus appréciables. En même temps que ces maîtres communiquaient la science à leurs disciples et leur inspiraient un sérieux amour pour l'étude, ils se sont appliqués à les initier à la vertu, à leur former le caractère, à leur inculquer les principes et à les affectionner aux pratiques qui font les hommes et les chrétiens.

A l'encontre de certaines appréciations pessimistes, on peut dire que le nombre des catholiques militants, sortis des écoles congréganistes et des collèges chrétiens, va grandissant, d'une année à l'autre, et justifie les espérances qu'il est permis de concevoir pour l'avenir de la société, en général, et de la France en particulier.

*
* *

Mais voilà que, par un illogisme étrange que peut seule expliquer la haine préconçue pour le catholicisme, ce qui devrait concilier à l'enseignement libre les faveurs gouvernementales, ou tout au moins assurer à ceux qui professent cet enseignement le bénéfice de *l'égalité devant la loi*, n'a fait que susciter contre eux l'animosité de leurs adversaires. On sait qu'avec une activité digne de ses intentions malveillantes, la Franc-Maçonnerie a travaillé à la suppression des Congrégations religieuses, à la séparation de l'Église et de l'État, à l'abrogation de la loi relative à la liberté de l'enseignement. Nul ne saurait se méprendre sur ses projets malfaisants. Au surplus, les déclarations récemment émanées de cette secte antichrétienne autant qu'antifrançaise[1], sont trop précises[2], pour que l'on puisse douter, un seul instant, du but qu'elle poursuit.

Malgré la gravité de ces menaces et l'hostilité qu'elles recèlent, les disciples du Christ et, parmi

1. « Tout ce qu'on fait pour le catholicisme, écrivait récemment M. Brunetière, on le fait pour la France, et tout ce qu'on fait contre le catholicisme, on le fait contre la France. »

2. Voici, d'après le compte-rendu officiel du congrès des Loges de la région parisienne, tenu à Paris les 22, 23 et 24 juillet 1899 (on sait que ce congrès est toujours la préparation du convent maçonnique et a sur lui une influence prépondérante), voici l'un des vœux adoptés par ce congrès et destinés à être soumis aux délibérations du convent :

« Les délégués des Loges de la région parisienne réunis en congrès, en présence des menées du parti clérical,... émettent le vœu que l'abrogation de la loi Falloux soit votée par les Chambres et que le monopole de l'enseignement à tous les degrés appartienne à l'État. »

Au mois de septembre de la même année, la franc-maçonnerie, par l'organe de M. Dazet, a dit au Grand-Orient de Paris, à la clôture du convent : « Refusons le droit d'enseigner aux prêtres et moines de toute robe; et, pour éviter qu'ils se glissent encore par quelque fissure de la loi nouvelle, attribuons sans partage à l'État le monopole de l'enseignement... Il y va de la santé morale des générations de demain; il y va de la paix de la République. »

eux, ceux que ces menaces désignent, doivent ne point laisser leur confiance s'ébranler, mais demeurer invinciblement convaincus que Dieu est plus puissant que les hommes et que les desseins des méchants sont, tôt ou tard, déjoués par ceux de sa sagesse éternelle.

Quoi qu'il en soit, en présence de la lutte qui s'accentue et devient, de jour en jour, plus aigüe, les éducateurs chrétiens — pour ne parler que d'eux — doivent s'efforcer d'être, plus que jamais, à la hauteur de leur tâche. A cette condition, peut-être conjureront-ils les calamités qui menaçent, à l'heure actuelle, l'enseignement chrétien[1].

C'est donc un devoir pour eux de se pénétrer toujours davantage de la grandeur et de l'impor-

1. C'est le cas de citer ici, en les appliquant aux prêtres éducateurs de la jeunesse, les paroles suivantes de S. S. Léon XIII dans sa récente Lettre encyclique aux archevêques, évêques et au clergé de France :

« *Les temps actuels sont tristes; l'avenir est encore plus sombre et plus menaçant; il semble annoncer l'approche d'une crise redoutable, de bouleversements sociaux.* Il faut donc, comme nous l'avons dit en diverses circonstances, que nous mettions en honneur les principes salutaires de la religion, ainsi que ceux de la justice, de la charité, du respect et du devoir. C'est à nous d'en pénétrer profondément les âmes, particulièrement celles qui sont captives de l'incrédulité ou agitées par de funestes passions ; de faire régner la grâce et la paix de notre divin Rédempteur qui est la Lumière, la Résurrection, la Vie, et de réunir en lui tous les hommes, malgré les inévitables distinctions sociales qui les séparent.

« Oui, plus que jamais, les jours où nous sommes réclament le contance de leur mission ; des principales obligations qu'elle leur impose ; des qualités qu'elle exige ; des vertus qu'ils y doivent pratiquer.

Il leur importe aussi d'envisager les épreuves qu'ils peuvent rencontrer et qu'inévitablement ils rencontreront dans l'exercice de leur ministère, afin d'en comprendre d'avance l'utilité, les avantages, les fruits éminemment précieux ; afin surtout d'apprendre à se conduire, dans ces épreuves, de façon à en tirer un réel profit, tant pour eux que pour cette jeunesse écolière à laquelle ils ont voué leur vie.

Enfin, pour s'encourager à déployer dans l'exercice de ce ministère toute la générosité, l'abnégation, le zèle, le dévouement qu'il réclame, il leur est bon d'en envisager aussi les joies et les gloires et de considérer les magnifiques récompenses par lesquelles le Maître qu'ils servent

cours et le dévouement de prêtres exemplaires pleins de foi, de discrétion, de zèle, qui, s'inspirant de la douceur et de l'énergie de Jésus-Christ dont ils sont les véritables ambassadeurs, *pro Christo legatione fungimur*, annoncent avec une courageuse et indéfectible patience les vérités éternelles, lesquelles sont pour les âmes les semences fécondes des vertus.

« Leur ministère sera laborieux, souvent même pénible, spécialement dans les pays où les populations, absorbées par les intérêts terrestres, vivent dans l'oubli de Dieu et de sa sainte religion. Mais l'action éclairée, charitable, infatigable du prêtre, fortifiée par la grâce divine, opérera, comme elle l'a fait en tous les temps, d'incroyables prodiges de résurrection. » (*Lettre encyclique*, 8 septembre 1899.)

et dont ils sont les vicaires et les auxiliaires ici-bas, couronnera un jour leur labeur.

Voilà ce que ces pages ont pour but, non d'apprendre, mais de rappeler à ceux à qui elles sont dédiées.

Tous les instituteurs chrétiens pourront y trouver quelques lumières et quelques encouragements. Mais, justement préoccupé du but que vise surtout l'ennemi, c'est-à-dire l'éloignement du prêtre de tout ce qui regarde l'enseignement religieux et profane et l'éducation de la jeunesse, c'est plus spécialement aux *prêtres* voués à ce ministère que ces pages s'adressent. En proposant à leur méditation des enseignements appropriés à leur condition d'éducateurs, elles leur fourniront l'occasion de faire passer ces enseignements dans l'exercice journalier de leur ministère.

*
* *

C'est dans les Saintes Écritures que ces enseignements ont été puisés. Nulle source ne convenait mieux que celle-là, nulle n'étant plus abondante et, tout à la fois, plus pure et plus sainte.

Des textes épars de nos Saints Livres j'ai voulu, en les groupant dans un ordre logique et méthodique, composer un ensemble instructif, qui fût comme l'*ébauche* d'un traité complet sur l'éducation, pour l'usage de mes confrères dans le sacerdoce dont la vie est consacrée à cette noble tâche.

Je m'y suis donc essayé, non pas précisément en vue d'un livre à faire, mais de simples notes à prendre, d'abord pour mon usage personnel, à une époque où j'avais moi-même à m'occuper de la jeunesse écolière ; puis, dans la suite, pour l'édification des prêtres éducateurs, ces notes devant me fournir la matière et les sujets d'entretiens que j'ai été appelé à leur prêcher.

Ce que l'Écriture sainte a dit de personnages distincts et de circonstances diverses, j'ai cru pouvoir le dire, par application et par appropriation, du prêtre voué à l'éducation de la jeunesse et des devoirs que lui crée, des vertus que lui impose cet important ministère. Il m'a semblé que cette façon d'interpréter, ou mieux d'appliquer les paroles du texte sacré, quoiqu'elle détourne parfois ce texte de son sens littéral et primitif, ne pouvait pas avoir de graves inconvénients[1]. En somme, il ne s'est agi, le plus

1. C'est bien là, du reste, un procédé consacré par la sainte Église elle-même qui, dans sa liturgie, applique aux saints dont elle célèbre l'office, divers passages de la divine Écriture offrant des analogies avec la vie et les vertus de ces saints.

souvent, que d'une application morale d'un texte dont le sens littéral n'en devait point être substantiellement altéré.

Loin de moi la prétention d'avoir épuisé le sujet traité dans ce volume. Je n'ai guère fait que l'effleurer, qu'en donner une esquisse rapide et incomplète, que proposer des considérations générales, laissant aux auteurs spéciaux le soin d'indiquer dans des manuels *ad hoc*, l'application détaillée des principes que j'ai rappelés dans cet écrit. Tout mon désir a été d'inspirer aux prêtres voués à l'éducation de la jeunesse, la pensée de puiser dans les Saintes Écritures la matière d'un traité « divin » de l'éducation. Leurs patientes recherches, ou plutôt, une lecture plus attentive, une étude plus approfondie du texte sacré, les amèneront à découvrir derrière le sens littéral et réel, un sens accommodatice et moral qu'ils pourront légitimement appliquer à leur ministère et dont ils tireront un incontestable profit. Trop heureux serai-je d'avoir pu leur servir d'initiateur[1]; plus heureux

1. Je ne pense pas qu'aucun ouvrage de ce genre ait été composé jusqu'ici spécialement pour les prêtres éducateurs. Je suis heureux toutefois de signaler et de recommander à ces derniers un ouvrage récemment paru et composé d'après un plan tout autre, sous le titre : *Le Prêtre éducateur*, par le R. P. Lécuyer, de l'Ordre de saint Dominique. Paris, Lethielleux, 10, rue Cassette.

encore si je puis décider l'un d'eux à compléter cette ébauche imparfaite !

Si imparfaite soit-elle, j'ose l'offrir à mes vénérés et bien-aimés confrères que leur vocation ou la volonté de leurs supérieurs — ce qui revient à dire la volonté de Dieu — a spécialement appliqués au ministère de l'éducation. Peut-être y trouveront-ils, pour l'époque de leurs *retraites annuelles*, des sujets de réflexion et d'examen plus en rapport avec leurs fonctions et leurs besoins que ceux que l'on trouve dans les recueils de méditations à l'usage du clergé. C'est dans cette vue que j'ai donné à mon travail bien moins le caractère d'un traité ou d'un simple livre de lecture que celui d'aperçus sommaires destinés à être complétés par le travail personnel de la réflexion[1], et que les prêtres éducateurs pourront utiliser pour étudier plus à fond tout ce qui regarde leur ministère. Puissent-ils, comme fruit de cette étude, concevoir un désir plus ardent, une résolution plus ferme d'honorer ce ministère en s'efforçant de devenir de véritables prêtres éducateurs !

1. C'est précisément parce que ce volume n'est pas destiné à être lu d'une seule haleine, mais bien plutôt à être médité à loisir, que les mêmes idées exprimées dans un article ou un chapitre sont souvent reproduites dans un autre. Il est des choses qui ne sont bien comprises et admises qu'à force d'être redites. L'expérience de tous les jours est là pour le démontrer.

Un grand évêque de France, qui fut en même temps un grand éducateur, écrivait les lignes suivantes dans l'Introduction d'un ouvrage demeuré célèbre[1] : « Hélas! il faut l'avouer, nous sommes dans un cercle vicieux : l'Éducation seule pourrait former les hommes qui nous manquent, et les hommes qui nous manquent pourraient seuls nous donner l'éducation qu'il nous faut. »

Et l'évêque ajoutait : « On ne sortira de ce cercle vicieux que par un prodigieux effort d'intelligence, de dévouement et de courage[2]. »

Plaise au Seigneur, au Maître par excellence, que ces modestes pages provoquent et inspirent cet « effort prodigieux », et qu'elles aident tous tous ceux qui les liront et les méditeront à former, par « leur intelligence, leur dévouement et leur courage, les hommes qui nous manquent! »

Paris, Toussaint 1899

1. Mgr Dupanloup, *De l'Education*. Tome Ier, Introduction, xxiv.
2. Ibid.

L'ÉDUCATION

DE LA JEUNESSE

PAR LE PRÊTRE

CONSIDÉRATION PRÉLIMINAIRE

> Cum deberetis magistri esse, propter tempus, rursum indigetis ut vos doceamini[1]...
> (Hebr. v, 12.)

Ces paroles de l'Apôtre aux Hébreux, placées en tête de ce livre, contiennent plus d'une leçon qu'il vous sera utile de méditer, prêtres éducateurs, ô vous qui avez reçu de Dieu, par l'intermédiaire de l'Église, la haute et noble mission d'élever la jeunesse, de former à la fois son intelligence et son cœur.

Vous êtes maîtres, *magistri ;* et, à ce titre, vous devez instruire ceux qui sont vos disciples, leur enseigner, en même temps que la science des choses humaines, celle des choses divines ; les diriger dans les voies de la vérité ; leur montrer, à travers les ombres du temps, le foyer de l'éternelle lumière.

1. Lorsque, en raison du temps, vous devriez être maîtres, vous avez encore besoin qu'on vous enseigne. — Cet ouvrage pouvant être de quelque utilité pour les éducateurs non prêtres ou non versés dans la connaissance du latin, j'ai, selon le conseil qui m'en a été donné, mis en note la traduction (d'après Glaire) des textes empruntés à la Sainte Écriture. Je n'ai pas jugé utile d'en faire autant pour les commentaires latins de ces textes et pour les citations des Pères et des Docteurs.

C'est là votre obligation souveraine, *cum deberetis*, obligation qui découle du choix que le Seigneur a daigné faire de vous, du caractère sacré dont il vous a investis, de la mission qu'il vous a confiée, mission d'instruire et d'enseigner : *cum deberetis magistri esse.*

Cette mission implique l'abondance des lumières personnelles, et ne peut être dignement et efficacement exercée qu'à cette condition. Comment enseigner si l'on ignore soi-même ce que l'on doit apprendre aux autres ? Comment être véritablement maître, si l'on ne possède pas la science qu'on a le devoir de communiquer ?

Dieu, sans doute, a pourvu, dans une certaine mesure, à cette nécessité, en vous accordant ce qu'on nomme communément les qualités, les grâces d'état, en vous dotant des aptitudes propres à la fonction qu'il vous appelait à remplir[1].

Mais, en cela comme en tout le reste, pour vous comme pour tous les autres, Dieu ne veut pas tout faire. Il tient à vous laisser la part d'efforts, de coopération nécessaire au mérite. Aussi vous a-t-il fait une obligation très expresse de correspondre à ces grâces d'état, de mettre en exercice ces aptitudes, de développer vos ressources personnelles et de les perfectionner au prix d'efforts généreux et persévérants.

De là découle une double obligation pour vous : celle, d'abord, d'accroître et d'étendre vos connaissances dans les sciences humaines, naturelles, puisque vous avez la mission de les enseigner ; — de préciser, d'étendre et de fortifier ces connaissances, de façon à vous rendre, de jour en jour, plus capables dans l'art d'instruire ; — puis, à un titre plus spécial, l'obligation de connaître les règles et les lois de l'éducation, afin de travailler avec

1. Illos quos Deus ad aliquid eligit, ita præparat et disponit, ut ad id ad quod eliguntur, inveniantur idonei secundum illud (II Corinth., III, 6) : Idoneos nos fecit ministros novi Testamenti. (S. THOM., *Summ. Theol.*, P. III, Q. XXVII, art. 4.)

intelligence, discernement et succès à la formation morale et religieuse de la jeunesse ; afin de développer en elle la crainte et l'amour de Dieu, le zèle pour le bien, et de la familiariser avec les habitudes nobles et saines de devoir, de loyauté, d'honneur, de générosité, de dévouement, de sacrifice.

De là, encore, pour vous l'obligation d'instruire la jeunesse dans la science de Dieu, des vérités surnaturelles, des fins dernières, des devoirs de la vie chrétienne, en un mot, de tout ce qui peut et doit contribuer au salut éternel de l'homme, en le faisant penser, vouloir, agir et vivre ici-bas conformément à la volonté de Dieu.

Or cette double science, la dernière surtout, celle qui concerne les intérêts éternels et souverains de l'âme, cette science, en comparaison de laquelle toutes les autres ne sont rien ou, du moins, restent insuffisantes, cette science, prêtres éducateurs, est-elle en vous dans une mesure assez abondante pour que vous puissiez, sans inquiétude, sans illusion, sans reproche, vous croire à la hauteur de votre sublime mission ?

N'auriez-vous pas négligé de l'acquérir ou, tout au moins, de la développer en vous ; de vous en pénétrer et de vous rendre de plus en plus capables de la communiquer à vos disciples ?

N'auriez-vous pas fait passer la science divine après la science purement humaine ; et, tandis que vous avez consacré tant de temps et d'efforts peut-être à acquérir celle-ci, n'auriez-vous pas été trop peu soucieux de vous enrichir de celle-là ?

Pesez bien les paroles de l'Apôtre et, dans toute la droiture de votre âme et la sincérité de votre conscience, voyez si elles ne vous conviennent pas : *cum deberetis magistri esse propter tempus, rursum indigetis ut vos doceamini.*

Cum deberetis magistri esse. Vous *devez* être des maîtres, pour enseigner tout à la fois la science humaine et la science divine, puisque chez vous le maître, l'instituteur se complète par le prêtre, éducateur et formateur des âmes.

Vous *devez* être des maîtres pour enseigner de *bouche*. Votre parole doit transmettre à la jeunesse écolière confiée à vos soins la double connaissance des choses du temps et des choses de l'éternité.

Mais vous *devez* aussi être des maîtres pour enseigner d'*exemple*. Tout en vous, non seulement les lèvres, mais encore et surtout le maintien, les allures, les actes, la conduite, la vie tout entière, tout en vous doit prêcher la vertu que vous enseignez ; tout en vous doit recommander cette foi, cette élévation morale, ce dégagement des intérêts terrestres, cette vie surnaturelle, ce zèle de la gloire de Dieu que vous avez le devoir d'inspirer, de cultiver et de fortifier en ces jeunes gens dont vous devez faire, avant tout, des chrétiens.

Ce n'est qu'à la condition d'unir cette prédication de l'exemple à celle de la parole, que vous pourrez espérer d'heureux résultats de votre action, comme éducateurs, auprès de cette jeunesse dont la formation vous a été confiée.

Or, voyez si, sous ce rapport encore, vous êtes véritablement maîtres, prêchant, instruisant, comme il est de votre devoir : *cum deberetis magistri esse.*

C'est votre devoir, en raison du temps, *propter tempus*, dit l'Apôtre. Voilà longtemps déjà, peut-être, que vous remplissez les fonctions d'éducateurs... Vous devriez donc être versés dans l'art de former la jeunesse à la science, au bien, à la vertu. Vous devriez donc avoir acquis vous-mêmes les vertus qui, en vous recommandant à cette jeunesse, la forceraient à voir en vous non seulement des maîtres, mais aussi des modèles.

C'est votre devoir, *propter tempus.* Les temps dans

lesquels nous vivons vous rendent ce devoir plus impérieux. Jamais, peut-être, l'éducation de la jeunesse ne fut plus imprégnée de paganisme; jamais, peut-être, la jeunesse ne fut plus soustraite à l'influence de la religion et du christianisme. O vous donc, prêtres du Seigneur, vous à qui les familles restées fidèles aux traditions de la foi chrétienne ont confié l'éducation de leurs enfants, ayez d'autant plus à cœur de répondre à leur attente, que vous aurez, ce faisant, combattu l'un des fléaux les plus pernicieux de la société contemporaine, celui de l'éducation sans Dieu.

Mais peut-être n'avez-vous pas suffisamment compris l'importance et la gravité de cette mission. Peut-être avez-vous négligé d'acquérir, au degré nécessaire et suffisant, cet art sublime de l'éducation intellectuelle, religieuse et morale de la jeunesse. Peut-être n'avez-vous qu'une notion trop vague et incomplète des devoirs que cette mission vous impose, des qualités et des vertus que vous devez pratiquer en l'exerçant. Peut-être, enfin, n'avez-vous encore que bien imparfaitement acquis ces qualités et ces vertus. Dès lors, elle s'applique à vous cette parole de l'Apôtre : *Rursum indigetis ut doceamini.*

Reconnaissez humblement et sincèrement cette indigence et le besoin que vous avez, par conséquent, de mieux étudier, approfondir, comprendre et pratiquer toutes ces choses, d'un intérêt si grand, si personnel.

Ces pages n'ont pas d'autre but que de vous aider à les mieux comprendre et à vous rendre meilleurs éducateurs. Ce ne sont point des enseignements humains qu'elles contiennent, mais des enseignements de la divine Sagesse, recueillis dans le champ fécond des Saintes Écritures. Il n'y a d'humain dans ces pages que la disposition et l'enchaînement logiques des leçons proposées par cette divine Sagesse.

Puissiez-vous, bien-aimés frères dans le Seigneur, les recueillir avec la docilité d'esprit et la générosité de cœur que mérite la parole de Dieu! *Beati qui audiunt verbum Dei et custodiunt illud!*[1]

Oui, ce sera là pour vous une source de joie réelle et de bonheur intime, en même temps que de fruits abondants en votre ministère de *Prêtres éducateurs*.

1. Bienheureux ceux qui écoutent la parole de Dieu et qui la gardent. (Luc., XI, 28.)

PREMIÈRE PARTIE

GRANDEUR ET IMPORTANCE DE L'ÉDUCATION PAR LE PRÊTRE

I

LE MINISTÈRE DE L'ÉDUCATION

I. — SON ORIGINE DIVINE ET SON BUT

Vide ministerium quod accepisti in Domino, ut illud impleas[1]. (Col. IV, 17.)

En adressant cette recommandation à Archippe, évêque de Colosse, l'Apôtre voulait spécialement désigner le ministère pastoral dont celui-ci était chargé auprès de cette portion du troupeau de Jésus-Christ[2].

La même recommandation s'adresse à tout ministre de Dieu, successeur des apôtres, et s'applique à toute fonction qu'il est appelé à remplir dans la sainte Église.

Prêtres éducateurs, votre fonction principale, on peut même dire votre fonction exclusive, *en tant qu'éducateurs*, consiste à élever la jeunesse. C'est là votre ministère.

Or la première et indispensable condition, pour bien remplir ce ministère, c'est d'en comprendre l'importance et d'en apprécier la grandeur.

Vous connaissez l'aphorisme : *Ignoti nulla cupido.* Comment aurait-on de l'estime, du goût, de l'attrait, du zèle, pour une chose qu'on ne connaît pas ou dont on n'a qu'une connaissance vague et insuffisante?

Vide ministerium! Voyez donc ce ministère. Mais comprenez bien ce que veut dire ce simple mot : *vide.* Voir équivaut ici à étudier, approfondir, scruter, analyser et, finalement, à connaître.

1. Voyez le ministère que vous avez reçu dans le Seigneur, pour le remplir.
2. Conf. *Cornel. a Lapid.* Comment. in Epist. ad Coloss., loc. cit.

C'est de cette sorte que vous devez *voir* votre ministère, si vous voulez arriver à l'apprécier comme il le mérite et à le remplir comme vous le devez.

Ministerium : c'est un ministère. Cela veut dire autre chose qu'un emploi quelconque, qu'une fonction à laquelle tout le monde peut prétendre, et que tout le monde peut exercer.

Cela veut dire un emploi, une fonction ayant un objet déterminé, et pour lesquels des aptitudes spéciales sont requises.

Cela veut dire un emploi, une fonction qui impliquent des devoirs, des responsabilités dont la gravité se mesure à la gravité même des intérêts que doivent sauvegarder ceux qui en sont investis.

Ministerium. Prêtres, vous êtes les ministres de Dieu. Comme tels, Dieu vous a confié les intérêts de son empire terrestre des âmes. Il vous a départi, dans l'administration de cet empire, des fonctions diverses qui vous placent dans telle ou telle catégorie de ses sujets. Tout ce que vous faites en vertu du mandat que vous avez reçu de ce souverain maître des âmes, mérite le nom de ministère : *ministerium.* C'est l'exercice même de la fonction à laquelle le Seigneur vous a appelés.

Vide ministerium quod accepisti. Pour bien comprendre l'excellence et la grandeur de votre ministère d'éducateurs, songez d'abord au sens du mot *éducation.* Ce mot, par son origine étymologique, signifie faire sortir, faire passer d'un état, d'une condition d'infériorité physique, intellectuelle et morale à une condition, à un état supérieurs. Telle est bien, en effet, l'œuvre caractéristique, essentielle de l'éducation, que nous traduisons par le mot « élever. »

Élever « c'est presque tirer du néant, c'est presque créer ; c'est, au moins, tirer du sommeil et de l'engourdissement les facultés endormies ; c'est donner la vie, le mouvement, l'action à l'existence encore imparfaite[1]. »

Élever, « c'est cultiver, exercer, développer, fortifier et polir toutes les facultés physiques, intellectuelles, morales et religieuses qui constituent dans l'enfant la nature et la dignité humaines ; c'est donner à ces facultés leur parfaite intégrité, les établir dans la plénitude de leur puissance et de leur action[2]. »

Élever, enfin, c'est porter plus haut, plus près du ciel, au-dessus de la terre, de ses fanges, et mettre le cœur à ces hauteurs pures où il ne sait plus aimer que Dieu et, avec Dieu, ce que Dieu aime.

Ainsi entendue, l'éducation « est l'œuvre humaine la plus haute qui se puisse faire. C'est la continuation de l'œuvre divine dans ce qu'elle a de plus noble et de plus élevé : la création des âmes[3]. »

Pour comprendre l'excellence et la grandeur de votre ministère, considérez encore qu'il s'exerce en faveur d'une catégorie d'âmes dignes du plus haut intérêt. Ce sont des âmes d'enfants, c'est-à-dire d'êtres qui ne sont pas encore formés au triple point de vue de l'intelligence, du cœur et de la volonté, sans parler du point de vue physique et corporel. Mais ces êtres, faibles et imparfaits, sont destinés à réaliser, grâce à vous, une force et une perfection dont ils sont virtuellement capables, étant des êtres essentiellement perfectibles. « L'enfant, c'est l'homme lui-même avec tout son avenir renfermé dans ses premières années ; l'enfant, c'est l'espérance de la famille et de la société ; c'est le genre humain qui renaît ; c'est la patrie qui se perpétue ; c'est comme le renouvellement de l'humanité dans sa fleur[4]. »

Or ces enfants dont l'éducation vous est confiée, vous avez à en faire des hommes, des chrétiens et des élus de Dieu. Ministère délicat entre tous, qui tient à la fois de

1. Mgr Dupanloup, *De l'Éducation*, livre I, chap. I, p. 3-4.
2. Id., ibid., p. 2. — 3. Id., ibid., p. 4. — 4. Id., ibid., p. 37.

l'action humaine du père et de la mère, et de l'action divine de la Providence céleste. Ministère honorable et glorieux, puisqu'il vous associe, en quelque sorte, à la puissance créatrice de Dieu et vous fournit l'occasion de continuer ce que Dieu a commencé. « L'éducation, en effet, accepte le fond, la matière que la première création lui confie, puis elle se charge de la former; elle y imprime la beauté, l'élévation, la grandeur : c'est comme une inspiration de vie, de grâce et de lumière[1]. »

Enfin, ce ministère d'éducateur, vous avez à l'exercer à un titre particulier, en tant que prêtres de Jésus-Christ : *ministerium quod accepisti in Domino*[2]. Dans le Seigneur, c'est-à-dire dans l'Église du Seigneur dont vous êtes les ministres; — dans le Seigneur, c'est-à-dire en vertu de la mission spéciale que vous avez reçue du Seigneur; — dans le Seigneur, c'est-à-dire en son nom, dans son esprit, pour faire de votre ministère une œuvre sacerdotale, une œuvre d'apostolat, une œuvre de salut.

Ce n'est pas seulement avec l'autorité du savoir et le prestige du talent; ce n'est même pas seulement avec votre grâce de chrétiens que vous avez à instruire et à élever la jeunesse; c'est avec la grâce du sacerdoce, jointe à vos aptitudes naturelles pour ce genre de ministère. Qu'est-ce à dire? sinon que cette grâce vous confère une aptitude de plus ou, pour mieux dire, consacre vos aptitudes naturelles, les complète, leur communique une plus grande efficacité par le dévouement plus grand, le zèle plus actif qu'elle vous inspire, et vous dispose merveilleusement à remplir l'office principal de l'éducation, celui qui résume tous les autres, et qui consiste à

1. Mgr DUPANLOUP, loc. cit., p. 4.

2. Quod accepisti in Domino, id est in Domini Ecclesia, a Domino, per Dominum;... quasi dixerit : Vide, sis diligens, in hac tua cura. Domini officium agis. Dominus tibi credidit has oves. Eas a te repetet. (*Cornel. a Lapid.*; comment. in loc. cit.)

élever, c'est-à-dire à enrichir, embellir et perfectionner.

Et, en même temps, cette grâce du sacerdoce vous élève au-dessus des autres éducateurs et vous met dans de meilleures conditions pour accomplir l'œuvre intégrale, *complète,* de l'éducation. Tandis que leur rôle de maîtres laïques se borne à cultiver les intelligences, le vôtre, s'étendant plus loin, atteint les âmes, les pénètre, les façonne, les forme. Même en supposant qu'ils le fassent, eux aussi, ce n'est jamais avec la même plénitude, puisqu'il leur manque une grâce supérieure d'état et un caractère spécial dont le Seigneur vous a gratifiés.

Tel est votre ministère : *ministerium quod accepisti in Domino.* — *Vide.* Etudiez-le, approfondissez-le, faites-en l'objet de vos préoccupations continuelles, afin de l'apprécier comme tout ce qui vient de Dieu et a pour fin sa gloire et le bien des âmes.—*Vide, ut illud impleas:* mais surtout, étudiez-le afin d'en remplir convenablement tous les devoirs et de vous y dévouer totalement, comme est en droit de l'attendre Celui qui vous l'a confié.

II. — LE MINISTÈRE EXERCÉ AU NOM DU CHRIST

Pro Christo legatione fungimur[1].
(II Cor., v, 20.)

Divin par son origine, le ministère que vous avez à remplir, prêtres éducateurs, est divin dans son exercice, car c'est au nom du Christ que vous l'exercez, en qualité de délégués et de représentants du Christ, *pro Christo legatione fungimur.*

Or le Christ est *l'ami des enfants.* Vous savez ce que furent, aux jours de sa vie mortelle, sa tendresse et sa prédilection pour l'enfance. Le Christ n'a pas changé.

1. Nous remplissons les fonctions de délégués au nom du Christ.

Ce qu'il aimait alors, il l'aime encore aujourd'hui. Il a pour l'enfance la même sollicitude et la même tendresse. Ne devant plus l'approcher visiblement, lui faire entendre sa voix, lui sourire, la bénir, comme autrefois en Judée, il s'est substitué des délégués et des ministres qu'il a chargés de le représenter ici-bas et, en son nom, d'instruire et d'élever l'enfance, de la former aux vertus qu'il aime voir en elle. Et vous êtes, prêtres éducateurs, les heureux délégués auxquels ce soin incombe, auxquels cette mission glorieuse a été confiée.

Le Christ est le *Sauveur des hommes*. Il veut le salut de tous, et nul n'est exclu de ses intentions miséricordieuses. Dans cette œuvre de salut universel, qu'il continue à travers les temps, d'une extrémité du monde à l'autre, il s'est associé des ministres, entre les mains desquels il a déposé les grâces qui sauvent, afin qu'ils les dispensent à tous ceux qui en ont besoin. Votre ministère, en vous mettant en rapports exclusifs et constants avec la jeunesse, fait de vous, prêtres éducateurs, des sauveurs de cette jeunesse si exposée à se perdre, si terriblement menacée par les ennemis du salut. C'est donc au nom du Sauveur universel que vous exercez ce ministère : *pro Christo legatione fungimur.*

Oh ! que ce ministère est grand ! qu'il est noble ! qu'il est honorable ! D'autres, chargés aussi de l'éducation de la jeunesse, remplissent également les fonctions de délégués. Ce sont les délégués de la libre-pensée, du rationalisme, de l'impiété, de l'incrédulité. Ce sont les agents d'un pouvoir qui prétend exclure la notion de Dieu de l'enseignement de l'enfance et de la jeunesse et, sous prétexte de « défense républicaine »[1], opposer, selon qu'il l'affirme, « la liberté des générations futures

1. Paroles de M. Levraud, député, à la séance de l'Assemblée législative du 20 novembre 1899.

au vieux dogme de la liberté du père de famille »[1]. Oh! la triste et déshonorante fonction! oh! l'infâme et ténébreuse mission! Et que vous devez vous estimer heureux et honorés de celle que vous avez à remplir au nom du Seigneur Jésus : *Pro Christo legatione fungimur!*

Eux travaillent pour la mort ; vous travaillez pour la vie. Eux n'ont pour but ou, tout au moins, pour résultat, que de perdre les âmes ; vous n'avez pas d'autre ambition que de les sauver. Tout ce que vous faites, c'est au nom du Christ que vous le faites, à sa place, en vertu du mandat très positif que vous avez reçu de lui. Vous êtes le Christ qui enseigne, le Christ qui façonne, élève, sanctifie, sauve les âmes, les âmes de ces enfants pour lesquels son divin Cœur est tout rempli de sollicitude et d'amour.

Pensez-y bien ; sachez-le bien, afin que tout en vous, pensées, sentiments, paroles, actes, se ressente de cette pensée toujours présente et dominante, et que, partout et toujours, vous apparaissiez comme les légats, les ambassadeurs, les dignes représentants de Jésus-Christ : *Pro Christo legatione fungimur!*

III. — LE MINISTÈRE DE L'ÉDUCATION, PATERNITÉ SPIRITUELLE

> Qui videt me videt et Patrem... Quia ego in Patre et Pater in me est[2]. (Joann., XIV, 8, 11.)

En disant ces paroles, Jésus-Christ a voulu proclamer la divinité qui existe en lui, inséparablement unie à son humanité, et l'identité de sa nature, comme Fils de Dieu, avec la nature de son Père[3]. D'ailleurs, la sa-

1. Paroles de M. Dumont, député, à la même séance.

2. Celui qui me voit voit mon Père... Car je suis en mon Père et mon Père est en moi.

3. Qui videt me, videt et Patrem ; quasi dixerit : cum ego et Pater unum plane et idem simus, puta una essentia divina ; una, inquam, non tantum specie, sed una in individuo ; hinc qui videt me per humanitatem quam assumpsi, eo modo quo videt me, videt et Patrem meum, quia ego et Pater unum sumus. (*Cornel. a Lap.*, Comment. in Joan., loc. cit.)

gesse, la puissance, la bonté, la sainteté, en un mot, tous les attributs qui résident en son Père, se reflétaient si fidèlement et si parfaitement dans son humanité, qu'il était en droit de dire : « Qui me voit voit mon Père. »

Prêtres de Jésus-Christ, vous n'êtes, il est vrai, que des hommes, par votre nature. Mais, par une grâce incomparable et une prérogative sans égale, Dieu vous a élevés jusqu'à lui et vous a faits d'autres lui-même. Ce qu'il est par essence, il a voulu que vous le fussiez par participation. Et, en même temps qu'il vous a associés à ses grandeurs, il a voulu que vous vous élevassiez jusqu'à la perfection même de ces grandeurs, en étant, comme son divin Fils, « figures de sa substance et images de sa bonté[1]. »

Or parmi les attributs de Dieu dont il a plu à l'éternelle Sagesse de vous rendre participants, celui de sa *Paternité* est, sans contredit, l'un de ceux qui doivent le plus briller en vous, prêtres éducateurs. Dieu, le père commun de tous les êtres, vous a confié une portion de sa grande famille, les derniers-nés, les enfants; et, vous substituant, en quelque sorte, à lui, il vous a dit : « Soyez pour eux des pères. »

En vous élevant à cet honneur, en vous investissant de ce rôle, Dieu vous a conféré les grâces qui s'y rapportent et qui rendent aptes à s'en bien acquitter.

A ces aptitudes doivent s'ajouter, de votre part, le zèle à les développer et à les exercer. Grâce à quoi vous serez ce que le Seigneur veut que vous soyez : des pères.

Soyez donc pères à la façon de Dieu. Cela revient à dire : soyez tout imprégnés, tout revêtus des caractères de la paternité de Dieu, afin de pouvoir dire, à l'exemple de Jésus-Christ, votre divin modèle : *Qui videt me videt et Patrem.* Qui me voit, voit un père,

1. Hebr., I, 3.

voit le Père par excellence, celui « de qui dérive toute paternité au ciel et sur la terre[1]. »

Or les caractères de la paternité de Dieu envers ses créatures peuvent se résumer dans les trois suivants : Don de la vie ; — Conservation de la vie ; — Développement et perfectionnement de la vie.

Prêtres éducateurs, soyez pères : *donnez la vie*. Donnez la vie aux intelligences : science, vérité, tout ce qui constitue la vie de l'esprit, tant au point de vue naturel qu'au point de vue surnaturel. — Donnez la vie aux cœurs, en les ouvrant à l'amour du beau, du bien, du Bien incréé surtout, de la souveraine Beauté. — Donnez la vie aux volontés, en les initiant à la pratique du devoir et de la vertu.

Prêtres éducateurs, soyez pères : *conservez la vie*. Conservez la vie aux intelligences, en les préservant du double fléau de l'ignorance et de l'erreur. — Conservez la vie aux cœurs, en les garantissant du danger des vaines amours et des passions désordonnées. — Conservez la vie aux volontés en les prémunissant contre les défaillances de la paresse et les capitulations de la lâcheté.

Prêtres éducateurs, soyez pères : *développez, perfectionnez la vie* donnée et conservée. Que, grâce à vos efforts, à votre dévouement paternel, les intelligences s'enrichissent de connaissances plus étendues, de convictions plus profondes, les cœurs s'ouvrent plus larges à l'amour du bien, à tous les nobles sentiments, à toutes les saintes affections ; que les volontés s'affermissent chaque jour davantage dans la pratique du bien et s'exercent plus énergiquement dans les glorieux combats de la foi et de la vertu.

Voilà ce que vous devez être : des pères, et voilà quel doit vous apparaître votre ministère d'éducateurs : une véritable paternité.

1. Ephes., III, 15.

Quia ego in Patre. Pour être véritablement pères, pères à la façon de Dieu, prêtres éducateurs, unissez-vous, communiez, pour ainsi dire, communiez fréquemment, communiez incessamment à cette divine Paternité dont vous devez être ici-bas les visibles représentants. Adhérez d'esprit et de cœur aux vues, aux sentiments, aux volontés de ce Père des cieux que vous devez faire revivre en vous-mêmes sur la terre. Sans cesse, élevez vos dispositions intérieures et tout votre être jusqu'à la hauteur de ce divin idéal. Sans cesse, abreuvez-vous à cette source de toute bonté; sans cesse, plongez-vous dans cet océan et cette plénitude de tout bien; et, comme Jésus-Christ, prenant en son divin Père l'inspiration de toutes ses paroles et de toutes ses œuvres, au point de pouvoir dire : « *A meipso facio nihil, sed sicut docuit me Pater, hæc loquor*[1] »; ainsi, prêtres éducateurs, ministres de Jésus-Christ, agissez vous-mêmes, dans une continuelle dépendance de votre Père céleste, dans une incessante unité de vie avec lui : *Quia ego in Patre.* A cette condition vous serez pères vous-mêmes.

Et Pater in me est. Il faut aussi que le Père soit en vous, qu'on sente sa présence en vous, son union avec vous, son influence, son action sur vous. Il faut qu'en vous voyant, en vous entendant, en vous approchant, on puisse découvrir dans vos actes, dans vos paroles, dans votre société, l'empreinte, le cachet de la paternité de Dieu, et qu'il soit manifeste à tous que notre Père des cieux vit en vous, comme vous vivez en lui : *Quia ego in Patre et Pater in me est.* L'un ne peut aller sans l'autre. Dès lors que vous vivrez en lui, il vivra en vous, et c'est lui qui sera le principe dirigeant de votre autorité, de votre ministère, en un mot, de votre vie d'éducateurs.

1. Je ne fais rien de moi-même, mais je parle comme mon Père m'a enseigné. (Joann., VIII, 28.)

II

LE MINISTÈRE — SON OBJET :

I. — LA JEUNESSE AIMÉE DE DIEU

> Ecce puer meus quem elegi, dilectus meus, in quo bene complacuit animæ meæ. Ponam spiritum meum super eum, et judicium gentibus nuntiabit[1]. (Is. XLII, 1. — Matth., XII, 18.)

Que d'amour dans ces paroles ! Et comme la Sagesse divine y expose suavement ses desseins ! Car c'est Dieu qui parle, et c'est de chacun de ces enfants dont il vous confie l'éducation, ô prêtres, qu'il parle, comme jadis il parlait, par la bouche de son prophète Isaïe, de son propre Fils qu'il devait donner au monde.

Ecce puer meus ! Voici mon serviteur : c'est le sens littéral du mot *puer ;* mais dans la pensée du Seigneur, ce mot renferme un sens plus tendre et doit exprimer une chose plus douce que l'idée de service. *Ecce puer meus :* voici mon enfant ! C'est mon enfant, produit de ma pensée et de mon amour éternels ; — l'enfant de mon choix, *quem elegi ;* — l'enfant que j'aime, *dilectus meus ;* — l'enfant en qui mon âme a mis ses complaisances, *in quo bene complacuit animæ meæ.*

Peut-on dire rien de plus tendre, rien de plus expressivement affectueux ?

Or, c'est de chacun de ces enfants qu'il vous a confiés, prêtres éducateurs, que le Seigneur s'exprime de la sorte. Quelle haute idée ne devez-vous donc pas vous faire de ces enfants ?...

1. Voici mon serviteur, que j'ai choisi, l'objet de ma dilection, en qui mon âme a mis toutes ses complaisances. Je ferai reposer mon esprit sur lui, et il annoncera la justice aux nations.

Remarquez bien que cet amour de Dieu pour celui qu'il nomme son enfant, *puer meus*, est un amour absolument gratuit, que rien n'explique, sinon la bonté naturelle de Dieu et l'amour infini qu'a son cœur pour chacune des créatures sorties de ses mains.

S'il a choisi cet enfant, *quem elegi*, s'il se complaît en lui, *in quo bene complacuit animæ meæ*, ce n'est en aucune façon, pour ce qu'il trouve en cet objet de sa prédilection, *dilectus meus*. Hélas! il ne découvre en lui que faiblesse, chétivité, ignorance, misère; il compte assurément en lui plus de défauts et d'imperfections que de qualités et de vertus. La trace du mal d'origine et les ravages plus ou moins graves exercés dans son âme par les péchés qu'il a commis depuis son baptême ne sauraient échapper à la clairvoyance de ce divin regard.

Et pourtant, entendez comme Dieu parle de chacun de ces enfants : *Ecce puer meus, quem elegi, dilectus meus, in quo bene complacuit animæ meæ.*

Ah! si Dieu aime ainsi ces âmes d'enfants et d'adolescents, comment ne les aimeriez-vous pas, ô vous qui êtes les ministres de Dieu, vous que Jésus-Christ s'est substitués pour le remplacer visiblement auprès d'elles? Et si Dieu, qui est sainteté par essence, ne dédaigne pas ces petits, nonobstant la misère que son regard découvre en eux; comment vous qui, comme eux, avez été enfants de colère, vous qui, comme eux, portez en votre nature un fonds mauvais et misérable, comment ne vous complairiez-vous pas à les garder, à les guider, à les instruire, à les former, à leur être entièrement dévoués?

Ecce puer meus! Pesez bien ces paroles, et comprenez-en, si vous le pouvez, la valeur... Songez que Dieu les a dites, avant tout, de son Fils fait homme, objet infiniment digne de ses éternelles complaisances. Mais il les dit pareillement de chacun de ces enfants, car chacun d'eux est, dans la pensée de Dieu, un autre Christ : *Christianus alter Christus.*

Ce que Dieu est pour eux, vous devez donc l'être vous-mêmes. Et ce qu'ils lui sont, ils doivent l'être pour vous.

Ces enfants que Dieu vous confie, Dieu a sur eux des desseins dont la réalisation lui tient souverainement au cœur. Que veut-il? Qu'attend-il d'eux?

Qu'ils soient tous ses élus à jamais, et qu'après l'avoir servi fidèlement ici-bas, ils participent à sa gloire et à sa béatitude éternelles là-haut. C'est dans ce but qu'il a placé sur eux ou mieux encore en chacun d'eux son esprit : *ponam spiritum meum super eum;* son esprit, c'est-à-dire sa propre vie, voulant être lui-même le principe vital et le moteur principal de toutes leurs pensées, de toutes leurs aspirations, de toutes leurs affections, de toutes leurs actions.

Peut-être votre ministère s'exerce-t-il auprès d'enfants choisis de Dieu pour devenir un jour ses prêtres. Voyez, en ce cas, ce qu'attend le Seigneur de ces élus de son cœur : qu'ils soient ses témoins et ses hérauts à travers le monde, *judicium gentibus nuntiabit;* qu'ils soient ses apôtres, ses confesseurs, et, s'il le faut, ses martyrs; que, comme tels, ils prêchent Dieu et le confessent, non seulement par la prédication des lèvres, mais encore et surtout par la sainteté de leur vie. Voilà ce que Dieu veut et quelle est la fin de cet amour de complaisance et de prédilection dont ces enfants sont de sa part les objets.

Pour réaliser ses desseins sur ces enfants, Dieu a donc mis en eux son esprit, l'esprit qui convient à son service et qui fera d'eux, un jour, des prêtres selon son cœur : *ponam spiritum meum super eum;* il l'a déposé en eux comme un germe ou plutôt comme une semence destinée à germer et à porter ses fruits.

Mais cette semence ne germera et ne fructifiera qu'à la condition d'être cultivée.

Or c'est là votre mission, prêtres éducateurs, c'est là, du moins, votre principale fonction : cultiver cette divine semence, développer en ces jeunes âmes l'esprit de Notre-Seigneur. Car, sachez-le bien, Dieu peut avoir des desseins particuliers, très particuliers, sur telle ou telle âme, et le bonheur ainsi que le salut de bien des personnes, peut-être même des sociétés, peut dépendre de la manière dont ces âmes auront été cultivées par les maîtres, par ceux à qui incombait leur formation intellectuelle et morale. Or, quelle que soit la vocation particulière que Dieu leur destine, ces âmes ne l'aimeront et ne s'attacheront à lui, pour le servir dans l'abnégation et le don parfait d'elles-mêmes, que dans la mesure où elles seront pénétrées, animées de son esprit, *ponam spiritum meum super eum*. Et cet esprit, vous ne contribuerez à l'entretenir et à le développer en ces âmes, que dans la mesure où vous les aimerez comme Dieu les aime, et où vous aurez à cœur de réaliser les desseins de Dieu sur elles.

II. — LA JEUNESSE OFFERTE PAR DIEU A L'ÉDUCATEUR

Accipe puerum istum[1]. (Exod., II, 9.)

Il importe au plus haut point, prêtres éducateurs, que vous vous pénétriez, avant tout, de la grandeur de votre mission et de la dignité de votre ministère. Or considérez cette jeunesse à laquelle ce ministère est consacré. Ce ne sont point seulement des parents, justement soucieux de son avenir, qui vous la confient. Ces enfants que Dieu aime d'une prédilection si tendre, ces élus de son cœur, lui-même vous les a confiés. Ils sont ses trésors, ils sont l'avenir... Que d'espérances ils résument et représentent! Que de gloire par eux Dieu pourra recevoir! Et si ces enfants doivent un jour

1. Recevez cet enfant.

devenir prêtres, que d'âmes par eux pourront être sauvées!

Accipe! Recevez ces enfants que Dieu vous présente. Recevez-les, et ne vous les laissez point seulement imposer. Vous n'êtes prêtres que pour les âmes. Vous n'êtes éducateurs que pour la jeunesse. Ces enfants sont donc toute votre raison d'être, prêtres éducateurs. Rien au monde ne doit vous préoccuper, vous intéresser, vous passionner autant qu'eux. Tout le reste, mis en regard de votre mission, ne doit vous être que secondaire.

Accipe! Recevez-les donc avec amour, les bras et le cœur ouverts. Recevez-les comme on accueille quelqu'un qu'on aime, comme on reçoit un présent. Est-il rien de plus précieux, de plus estimable, de plus aimable qu'une âme, surtout une âme d'enfant, d'adolescent, tout auréolée de candeur, de simplicité, d'innocence, d'heureuse ignorance? Recevez-les comme on reçoit Jésus. En fait, chacun d'eux ne doit-il pas être un autre Christ? En chacun d'eux, le Christ ne vit-il pas par sa grâce qui habite en leur âme?

Puerum istum. Remarquez l'expression : *puerum.* Ce qui fut dit jadis d'un seul enfant, de Moïse recueilli sur les bords du Nil par la fille du Pharaon d'Égypte, le Seigneur vous le dit individuellement de chacun de ces enfants qu'il vous présente et confie à vos soins.

Puerum istum : cet enfant. Ils sont cent, deux cents, et plus encore! Qu'importe leur nombre, du moment que vous devez aimer chacun d'eux comme s'il était seul à devoir être aimé!

C'est bien ainsi, d'ailleurs, que les aime Celui qui vous les offre et dont vous êtes les représentants ici-bas. *In charitate perpetua dilexi te!*[1] Telle est la nature de son amour envers ses créatures, qu'il les aime abso-

1. Je t'ai aimé d'un amour éternel. (Jer., XXXI, 3.)

lument comme si chacune d'elles était l'objet exclusif de sa tendresse. Et, de fait, à chacune il réserve sa part de grâces en ce monde et de gloire en l'autre; part suffisante à lui assurer la jouissance d'un bonheur plénier et infini.

Ainsi devez-vous aimer vous-mêmes, ministres du Dieu d'amour, éducateurs de la jeunesse. Et tout ce qu'un cœur humain est capable de concevoir de tendresse et d'inspirer de dévouement, vos cœurs doivent le ressentir. C'est la seule digne réponse à faire à Celui qui vous dit : « *Accipe puerum istum.* »

Envisagé de cette sorte, chacun de ces enfants vous apparaîtra digne d'absorber toute votre activité intellectuelle et morale, de devenir l'objet d'un amour absolu, d'un dévouement total et constant; et votre ministère d'éducateurs vous apparaîtra lui-même comme l'exercice de cette Providence céleste qui, sans cesse, veille sur les besoins de chaque créature et lui dispense, avec une munificence inépuisable, tout ce que réclament ces besoins.

III. — JÉSUS DANS LA JEUNESSE

Quisquis unum ex hujusmodi pueris receperit in nomine meo, me recipit[1]. (Marc., IX, 36.)

Quelle révélation, prêtres éducateurs, Notre-Seigneur vous fait par ces paroles! Quelle adorable substitution il vous promet! Quelle fin glorieuse il assure à votre ministère!

Recevoir un enfant en son nom c'est le recevoir lui-même, déclare-t-il. Se dévouer à cet enfant, c'est donc aussi se dévouer à lui. Aimer cet enfant, c'est donc aussi l'aimer. Car, par les mots *receperit*, *recipit*, il faut entendre toutes ces choses, c'est-à-dire l'amour, le dévouement, la sollicitude, la vigilance, la patience

1. Quiconque aura reçu en mon nom l'un de ces enfants me reçoit.

et la persévérance dans l'amour et le dévouement[1].

O prêtres éducateurs de la jeunesse, quel puissant levier doit vous être la pensée que c'est à Jésus-Christ lui-même que tout cela s'adresse, à lui que tout cela va finalement se terminer!

Dès lors, y a-t-il exagération, inexactitude à vous dire que votre ministère, ainsi envisagé, ainsi compris, ayant Jésus-Christ pour objet et pour fin, revêt le caractère d'un culte, d'un exercice de religion, d'une œuvre éminemment sainte et divine?

Qu'il est donc grand et glorieux ce ministère! Que vous devez l'apprécier et l'aimer!

Unum ex hujusmodi pueris. Tous ces enfants, par la grâce du saint baptême, ont été rendus participants de la vie même de Jésus-Christ. Dieu vit en eux; ils sont, non seulement ses temples et ses tabernacles animés, mais encore ses membres vivants, inséparablement unis à lui, et n'ayant de vie que par la communication que Jésus-Christ, leur divin chef, leur fait de la sienne. C'est donc avec raison que Jésus dit : « Qui les reçoit me reçoit; » « ce que vous faites pour eux, c'est à moi et c'est pour moi que vous le faites, *me recipit.* »

O vous surtout qui, dans les Petits Séminaires et les Écoles cléricales, travaillez à former la génération destinée au service des autels, à préparer des apôtres et des évangélistes, des médiateurs et des sauveurs, votre ministère atteint plus directement encore Jésus-Christ, et, avec plus de raison encore, devez-vous considérer comme fait à lui-même et pour lui-même tout ce que vous faites pour ces élus de son cœur : *unum ex hujusmodi pueris.* Par le sacerdoce dont ils seront un jour revêtus, par le caractère sacré dont ils seront marqués, par la nature des fonctions et des

1. Per *suscipere* enim hic significatur omne genus beneficii, caritatis et benevolentiæ. (*Cornel. a Lap.*, Comment. in Matth., cap. XVIII, 5.)

œuvres qu'ils devront accomplir, par les vertus qu'ils devront pratiquer et la sainteté à laquelle ils devront s'élever, ces enfants sont appelés à devenir d'autres Jésus-Christ, à être des copies fidèles et parfaites du divin modèle.

Si donc quiconque reçoit un enfant au nom de Jésus-Christ reçoit Jésus-Christ lui-même, à combien plus forte raison le doit-on dire de vous, prêtres éducateurs, qui ne recevez ces enfants que pour en faire d'autres Jésus-Christ!

Que l'esprit de foi, appuyé sur cette déclaration formelle du divin Maître, vous fasse donc concevoir une haute et grande idée de ces enfants et du ministère que vous êtes appelés à exercer auprès d'eux.

Me recipit. Avec quelle révérence, quel soin, quelles précautions, quelle délicatesse, quel dévouement, quelle persévérante fidélité ne traiteriez-vous pas Jésus-Christ, s'il vous était donné de le recevoir sous une forme visible et si, sous des traits sensibles, il venait se confier à votre direction! Jugez-en par le respect, la dévotion, l'amour, avec lesquels vous le tenez chaque jour, invisible et caché, dans vos mains, à l'autel, et le recevez, sous la forme d'une frêle hostie, dans vos cœurs!

Mais, dès lors que Jésus-Christ lui-même vous déclare, et de la façon la plus expresse, en des termes on ne peut plus précis, que ce que vous faites pour ces enfants, c'est pour lui que vous le faites, cela n'est-il pas suffisant pour vous inspirer envers ces enfants la même religion, le même amour, le même dévouement?

Ces enfants sont comme des sacrements vivants, comme des vases sacrés dans lesquels Jésus réside et veut vivre par sa grâce et sa présence réelle. Les garder purs, c'est donc garder en eux Jésus; sanctifier et embellir leur âme, c'est donc aussi honorer Jésus, c'est procurer la gloire de Jésus.

In nomine meo. Si le mérite d'un acte, si sa perfection plus ou moins grande, se tirent de l'intention et de la fin plus ou moins nobles de cet acte, quel ne sera pas le mérite attaché à un ministère dont le mobile et la fin ne sont rien autre que l'honneur et la gloire de Dieu?

Puisque c'est l'intention qui est comme l'*âme* des œuvres, il vous importe au plus haut point, prêtres éducateurs, d'animer votre ministère de l'intention que Jésus-Christ lui-même vous propose par ces paroles : *Qui receperit... in nomine meo.*

In nomine meo. Voilà l'intention et, par conséquent, la condition du mérite.

In nomine meo. Au nom de Jésus-Christ, c'est-à-dire de sa part, en s'animant de son esprit, comme il recevrait lui-même ces enfants s'il leur était visiblement présent, ainsi qu'aux jours de sa vie mortelle.

In nomine meo. au nom du Seigneur Jésus, c'est-à-dire pour lui, pour la sanctification de son nom, pour l'extension de son règne dans les âmes et dans le monde.

Cela revient donc à dire que Jésus-Christ doit être, non seulement le principe, mais encore la fin directe, explicite, souveraine, unique même, de votre ministère d'éducateurs de la jeunesse. A Lui et pour Lui toutes vos déterminations, tout votre zèle, tout votre dévouement, tous vos sacrifices...

Lui en tout, lui partout, lui toujours : *me recipit!* Que désirer de meilleur, ici-bas et au ciel? *Quid mihi est in cœlo, et a te quid volui super terram?... Deus cordis mei et pars mea Deus in æternum*[1]. (Ps. LXXII, 25.)

1. Qu'y a-t-il pour moi dans le ciel, et hors de vous qu'ai-je voulu sur la terre?. . ô le Dieu de mon cœur et le Dieu mon partage pour l'éternité!

DEUXIÈME PARTIE

LES DEVOIRS DU PRÊTRE ÉDUCATEUR

I

DEVOIRS GÉNÉRAUX

I. — ACCEPTER LE MINISTÈRE COMME UNE PATERNITÉ

Et ego recipiam vos, et ero vobis in patrem, et vos eritis mihi in filios [1]. (II Cor., vi, 18.)

C'était là le cri que l'amour des âmes arrachait au cœur du grand Apôtre [2]. C'est aussi celui que le même amour doit arracher au vôtre, prêtres éducateurs de la jeunesse.

Le Seigneur vous a présenté des enfants qu'il aime, qu'il chérit, dont il veut faire ses élus, et de chacun d'eux il vous a dit : *accipe puerum istum*, recevez cet enfant.

Vous avez compris ce qu'il y a de condescendance de la part de Dieu à vous confier un tel dépôt. Ce dépôt vous l'appréciez à sa juste valeur... Que faire? Que dire pour répondre convenablement à l'offre divine, pour exprimer dignement les dispositions de votre âme?

Et ego recipiam vos. Je vous recevrai, chers élus du Seigneur, dépôt sacré, âmes enrichies de la grâce et destinées à la gloire.

1. Je vous recevrai et je serai pour vous un père, et vous me serez des fils.

2. L'Apôtre, dans le passage en question, met, il est vrai, ces paroles dans la bouche du Seigneur. Mais le contexte montre assez qu'elles expriment les propres sentiments de son âme. Un peu plus haut, il dit aux Corinthiens : *Os nostrum patet ad vos, o Corinthii, cor nostrum dilatatum est*. (Ibid., 11.)

Recipiam vos, je vous recevrai, non point comme un fardeau pénible, mais comme un présent du ciel.

Recipiam vos, je vous recevrai, non point seulement dans mes bras pour vous porter, vous défendre, vous soutenir, vous diriger; mais aussi dans mon cœur, pour vous aimer comme l'on aime des fils.

Et de fait, vous serez pour moi des fils, et je serai pour vous un père : *et ero vobis in patrem*, *et vos eritis mihi in filios*.

In filios : des fils, par conséquent, comme une extension de moi-même ; des fils, c'est-à-dire des êtres dont les intérêts seront mes intérêts, dont la vie sera toute la préoccupation et toute la raison de ma propre vie.

In patrem : un père, par conséquent, une providence, un appui, une force, une ressource toujours assurée ; un père, par conséquent, un bienfaiteur dont toutes les pensées, tous les désirs, tous les efforts, tous les sacrifices, toutes les souffrances n'auront aucun autre but que votre bien, votre bonheur temporel et éternel.

Telle doit être votre réponse ; tels doivent être vos sentiments et vos dispositions, prêtres à qui le Seigneur a confié l'éducation de la jeunesse.

A ce divin Maître qui tous les jours vous dit : *accipe*, dites, redites vous-mêmes : *recipiam !* Ces enfants qu'il vous offre comme des fils, *in filios*, aimez-les comme des pères, *in patrem*, des pères chargés par le Père des cieux de veiller sur ces enfants, de les instruire, de les conduire, de les nourrir, de les abreuver, de les former au bien, de les sanctifier et de les sauver...

Oh ! le bel idéal ! oh ! la mission sublime ! C'est là votre idéal ; c'est là votre mission, prêtres éducateurs de la jeunesse. Ne voyez donc en elle rien autre chose qu'une paternité toute spirituelle à exercer au nom du Seigneur ; et, pour l'exercer convenablement et dignement, animez-vous, remplissez-vous de tous les sentiments qui conviennent à la paternité et qui feront de vous des pères véritables. Sollicitude, prévoyance, bienveillance, dévouement, abnégation, générosité, esprit de sacrifice, patience et constance : voilà ce qu'on doit voir dans un père, s'il est ce qu'il doit être, et voilà ce que l'on verra en vous, prêtres éducateurs, si vous faites de votre ministère auprès de la jeunesse une paternité : *Et ero vobis in patrem et vos eritis mihi in filios.*

II. — SE SANCTIFIER EN VUE DU MINISTÈRE

Pro eis ego sanctifico meipsum[1].
(Joan., XVII. 19.)

Ces paroles, tombées des lèvres du Fils de Dieu, au moment où il allait accomplir l'acte le plus solennel de sa vie mortelle, en s'offrant en sacrifice à son Père pour la rémission des péchés du monde, sont tout un programme auquel un prêtre éducateur doit adapter sa vie.

Jésus déclare se sanctifier pour ses disciples, pour « ceux que son Père lui a donnés et qu'il a conservés en son nom[2]. » Que pouvait-il donc manquer à l'éminente sainteté, à l'absolue perfection de l'humanité du Christ, à cette humanité qui, dès la première heure de son existence mortelle, dès sa conception dans le sein de Marie sa virginale mère, fut toute pénétrée de la plénitude même de la divinité, de cette « onction substantielle et infinie, de cette sainteté vivante et vivifiante qui procède du Fils et du Père et qui se nomme l'Esprit-Saint? »[3]

Que lui manquait-il? Rien, assurément. Toutefois, dans l'ordre purement humain, et selon sa vie terrestre et mortelle, il y avait dans l'adhésion constante de Jésus

1. Je me sanctifie pour eux.
2. Cum essem cum eis, ego servabam eos in nomine tuo. Quos dedisti mihi, custodivi. (Joan., XVII, 12.)
3. V. Mgr Ch. GAY, *Élévations sur la vie et la doctrine de Jésus-Christ*. T. II, 85e élévation.

aux volontés de son Père, une sorte de progrès continuel qui, le faisant aller d'obéissance en obéissance, de vertu en vertu, de justice en justice, devait le conduire au sacrifice complet et définitif de lui-même, à sa mort sanglante sur la croix[1].

Voilà ce que Jésus appelait « se sanctifier pour ceux que son Père lui avait donnés. »

Prêtres éducateurs, quel exemple vous donne là le divin, l'universel modèle! Vous aussi, vous devez vouloir vous sanctifier pour ceux que Dieu, Père des âmes, vous a donnés à élever, à former, à diriger dans les voies de la vérité, de la vertu, de la sainteté : *ut sint et ipsi sanctificati in veritate*[2].

Votre ministère est saint. Mais vous devez, en vue de ce ministère, vous sanctifier vous-mêmes. Il ne pourra être efficace qu'à cette condition, et vous ne réussirez à sanctifier les autres que si vous êtes saints, ou si vous travaillez à vous sanctifier. *Pro eis ego sanctifico meipsum, ut sint et ipsi sanctificati*[3].

Votre ministère est saint. Mais il n'en est pas moins, humainement parlant, pénible, laborieux, fécond en déceptions, en mécomptes, en épreuves de tout genre. Pour remplir ce labeur et y persévérer, pour supporter ces épreuves et ne vous point laisser écraser par elles, il vous faut des vertus peu ordinaires. Il vous faut une foi robuste, une inébranlable confiance en Dieu, un complet oubli de vous-mêmes, l'esprit de prière et de sacrifice, un entier dévouement aux âmes.

Tout cela, direz-vous, vous fait défaut; tout cela, du moins, est faible, imparfait, incomplet, à peine ébauché en vous. Soit! mais vous l'acquerrez, vous l'affermirez, et le perfectionnerez, si vous prenez pour devise de votre

1. V. Mgr Ch. Gay, *Élévations sur la vie et la doctrine de Jésus-Christ*. T. II, 85e élévation.
2. Joan., XVII, 19. — Qu'ils soient sanctifiés en vérité.
3. Je me sanctifie pour eux afin qu'eux-mêmes soient sanctifiés.

vie éducatrice les paroles de votre Maître et modèle : « *Pro eis ego sanctifico meipsum.* »

Pro eis : pour eux, mes disciples et mes enfants dans le Seigneur; pour leurs âmes que Dieu a éternellement aimées ; qu'il a créées, dotées et enrichies de ses grâces; que Jésus-Christ a rachetées, dont il veut faire des cohéritières de sa gloire et de son royaume célestes.

Pro eis : pour eux; pour leur formation intellectuelle et morale ; pour leur éducation religieuse et chrétienne; pour leur initiation à la piété, à la vertu, aux grands devoirs, aux grands combats, aux grands triomphes de la vie; pour leur sanctification dans le temps et leur glorification dans l'éternité.

Pro eis : pour ceux qui, demain, prendront rang sur ce champ de bataille qui se nomme le monde, et pour ceux qui débutent à peine dans la vie; pour ceux dont l'âme est encore pure; pour ceux que le mal n'a point encore déflorés; pour ceux que le vent des passions ébranle, que les flots des tentations menacent; pour ceux surtout qui ont déjà été submergés par ces flots tumultueux.

Pro eis : pour tous et pour chacun, car c'est à tous et à chacun que Dieu m'a envoyé. Il les a tous personnellement, nommément, *nominatim*, remis entre mes mains, afin qu'aucun d'eux ne périsse, mais que, gardés, conduits, soutenus, formés, sanctifiés par moi, ne faisant qu'un en vous, ô mon Dieu, ils participent un jour à la plénitude de la joie et de la félicité dont vous avez inondé votre Christ, et que votre Christ, sur le point de mourir, demandait pour ses disciples. « *Quos dedisti mihi custodivi, et nemo ex eis periit...; ut sint et ipsi sanctificati in veritate...; ut et ipsi in nobis unum sint...; ut habeant gaudium meum impletum in semetipsis*[1]. »

1. Ceux que vous m'avez donnés, je les ai gardés et aucun d'eux n'a péri... Qu'ils soient sanctifiés en vérité; qu'ils ne soient qu'un en nous; qu'ils aient ma joie en plénitude en eux-mêmes. (Joan., VIII.)

Ce que Jésus demandait, en ces termes, à son Père, il le demandait comme un fruit de sa sainteté, comme un droit acquis par ses mérites. Ce n'est aussi qu'au prix de votre sanctification personnelle que vous pourrez espérer, prêtres éducateurs, obtenir les mêmes biens aux âmes d'enfants et de jeunes gens dont les intérêts vous ont été confiés. En vain vous flatteriez-vous de réussir à les former à la vie chrétienne sans ce constant effort vers la perfection, *jugis conatus ad perfectionem*, qui est la garantie la plus sûre de la sainteté.

Ne vous le dissimulez pas, si l'œuvre de l'éducation est si souvent stérile, même lorsque cette œuvre est exercée par le prêtre, c'est parce que le prêtre hélas ! ne se soucie pas assez d'être saint, n'a pas assez présent à l'esprit le *pro eis ego sanctifico meipsum ;* c'est qu'il se contente d'une vertu ordinaire, qu'il ne fait aucun sérieux effort pour sortir de la médiocrité, pour se conformer davantage à son divin modèle, en un mot, pour parvenir à un état plus élevé de perfection.

O prêtres du Seigneur, éducateurs de la jeunesse, pénétrez-vous bien de cette grave et souveraine obligation. Soyez saints, sanctifiez-vous..., et vous accomplirez des merveilles... Vous sanctifierez et sauverez les âmes.

III. — ACCOMPLIR SON MINISTÈRE

Ministerium tuum imple [1]. (II Timoth., IV, 5.)

Le devoir du prêtre éducateur, qui résume tous les autres devoirs, consiste à « accomplir son ministère ». Ce ministère a pour objet immédiat et exclusif la formation intellectuelle et morale de la jeunesse, son initiation à la science et la vertu.

Or, ce ministère il le doit accomplir en plénitude : *ministerium tuum imple.*

1. Remplissez votre ministère.

Imple. Cela veut dire qu'il ne doit pas se contenter d'en accomplir les obligations essentielles ou secondaires, ou bien celles pour lesquelles il éprouve plus d'attrait, celles dont l'exécution offre plus de facilité, mais qu'il doit les remplir toutes sans exception[1].

Ce ministère, c'est pour lui le devoir, c'est-à-dire ce qui est dû, ce qu'il faut donner, pour satisfaire aux légitimes exigences de celui ou de ceux envers lesquels on s'acquitte de ce devoir.

Prêtres du Seigneur, vous avez accepté ce ministère; vous vous êtes laissé imposer les obligations qui résultent de cette acceptation, ou plutôt, vous avez, dans toute la spontanéité de votre volonté et la plénitude de votre liberté, embrassé ces obligations. Par là vous avez justifié la confiance qu'ont mise en vous ceux qui vous ont chargé de ce ministère. Or cette confiance, il la faut consacrer, en quelque sorte, en remplissant intégralement votre ministère, en ne négligeant rien de ce qui se rapporte à la formation totale de l'enfant et du jeune homme. *Ministerium tuum imple.*

Cela implique, de toute nécessité, une totale application de l'être. L'intelligence, le cœur, la volonté, les forces physiques : tout doit contribuer à cette œuvre d'éducation qui s'exerce à la fois sur l'esprit, le cœur, la volonté de ceux qui en sont les objets.

Cela implique aussi l'abnégation de soi-même, un véritable esprit de dévouement et de sacrifice. Car, pour être tout entier et toujours à ce ministère, pour le *remplir* comme il convient, il faut évidemment faire passer le devoir avant le plaisir, le travail avant le repos, les intérêts des âmes avant les siens propres, et savoir, au besoin, sacrifier généreusement ses goûts personnels, même les plus légitimes, ses distractions, ses relations

1. Imple, id est, plene perfice tuum ministerium, ut scilicet perfecte expleas et perfungaris tuo docendi, prædicandi et regendi officio. (*Cornel. a Lap.*, Comment. in II Tim., loc. cit.)

extérieures, même les plus honorables, les œuvres même les meilleures, les plus saintes, afin de se dévouer entièrement, exclusivement à l'œuvre pour laquelle on a été choisi de Dieu.

Cela implique, par dessus tout, l'estime et l'amour de son ministère, une estime souveraine, un amour absolu. Sans cette condition, il n'y a pas, sachez-le bien, d'éducation véritable. Vous vous porterez de préférence vers d'autres ministères de secondaire importance, et vous négligerez celui qui doit absorber toute votre activité et être la vie de votre vie.

Cette estime et cet amour pour *votre* ministère, *ministerium tuum,* doivent se confondre en vous avec l'estime et l'amour des jeunes âmes dont la formation vous a été confiée.

Plus vous en serez animés, plus se développera en vous le zèle qui vous fera remplir chacune des obligations de ce ministère : *ministerium tuum imple*[1].

1. Parlant, dans sa récente Lettre encyclique au clergé de France (8 septembre 1899), des prêtres voués au ministère de l'éducation dans les Petits Séminaires, Léon XIII indique en ces termes la manière dont ils doivent s'acquitter de leurs fonctions et « remplir » leur ministère :

« Nous savons, Vénérables Frères, de quelle sollicitude vous entourez ces institutions si justement chères à votre zèle pastoral, et Nous vous en félicitons. Les prêtres qui, sous votre haute direction, travaillent à la formation de la jeunesse appelée à s'enrôler plus tard dans les rangs de la milice sacerdotale, ne sauraient trop souvent méditer devant Dieu l'importance exceptionnelle de la mission que vous leur confiez. Il ne s'agit pas pour eux, comme pour le commun des maîtres, d'enseigner simplement à ces enfants les éléments des lettres et des sciences humaines. Ce n'est là que la moindre partie de leur tâche. Il faut que leur attention, leur zèle, leur dévouement soient sans cesse en éveil et en action, d'une part pour étudier continuellement sous le regard et dans la lumière de Dieu les âmes des enfants et les indices significatifs de leur vocation au service des autels; de l'autre pour aider l'inexpérience et la faiblesse de leurs jeunes disciples à protéger la grâce si précieuse de l'appel divin contre toutes les influences funestes, soit du dehors, soit du dedans. Ils ont donc à remplir un ministère humble, laborieux, délicat, qui exige une constante abnégation. Afin de soutenir leur courage dans l'accomplissement de leurs devoirs, ils auront soin de le retremper aux sources les plus pures de

S'il y a si peu de *vrais* prêtres éducateurs, c'est parce qu'il y en a peu qui soient animés de cette souveraine estime, de cet amour absolu, saintement passionnés pour la jeunesse. Ne cherchez pas ailleurs la cause de cette rareté : elle est là.

IV. — HONORER SON MINISTÈRE

Ministerium meum honorificabo[1].
(Rom., XI, 13.)

Le ministère que le Seigneur vous a confié, prêtres éducateurs de la jeunesse, est grand et sublime en lui-même. Il vous honore singulièrement en vous faisant participer à la paternité de Dieu et en vous conférant le droit et le devoir de former des âmes que Dieu a engendrées, par sa grâce, à la vie surnaturelle. Il fait de vous des ouvriers divins, des ministres de Dieu, des coopérateurs de l'œuvre par excellence, qui consiste à conduire la créature à sa fin dernière, à la rendre digne du ciel pour lequel elle a été créée.

Il fait aussi de vous des ouvriers de la plus belle œuvre sociale qui se puisse concevoir : puisque, par votre enseignement et votre apostolat, vous préparez à la société des générations de croyants et de vaillants, destinés à promouvoir le règne de Dieu ici-bas et à mettre en honneur les principes qui entretiennent la paix et le bonheur parmi les peuples.

l'esprit de foi. Ils ne perdront jamais de vue qu'ils n'ont point à préparer pour des fonctions terrestres, si légitimes et honorables soient-elles, les enfants dont ils forment l'intelligence, le cœur, le caractère. L'Église les leur confie pour qu'ils deviennent capables un jour d'être des prêtres, c'est-à-dire des missionnaires de l'Évangile, des continuateurs de l'œuvre de Jésus-Christ, des distributeurs de sa grâce et de ses sacrements. Que cette considération toute surnaturelle se mêle incessamment à leur double action de professeurs et d'éducateurs et soit comme ce levain qu'il faut mélanger au meilleur froment, suivant la parabole évangélique, pour le transformer en un pain savoureux et substantiel. »

1. J'honorerai mon ministère.

Ce ministère vous honore. Mais sachez bien qu'en retour, vous devez l'honorer : *ministerium meum honorificabo.*

Qu'est-ce qu'honorer un ministère ? sinon le bien accomplir, en remplir dignement les fonctions, ajouter à la beauté, à la sainteté qu'il possède en lui-même, l'éclat, la sainteté de celui qui l'exerce [1]. C'est ainsi que vous devez honorer vous-mêmes votre ministère d'éducateurs.

De quoi eût servi à Marie d'avoir été choisie de Dieu pour devenir la Mère du Verbe Incarné ; de quoi lui eût-il servi d'avoir été sa mère, de l'avoir nourri de son lait, pressé dans ses bras, d'avoir vécu avec lui et partagé sa vie durant trente-trois années, si elle n'eût justifié, autant que le peut une créature, ce choix divin, cette incomparable maternité, l'intimité de cette communauté de vie, en un mot, si elle n'eût relevé toutes ces sublimes prérogatives par l'éminence de ses vertus et la sainteté de sa propre vie ?

Prêtres du Seigneur, choisis par lui pour être les éducateurs, les guides, les pères de la jeunesse, de quoi vous servirait, à vous aussi, d'être revêtus d'une si honorable dignité, de remplir un si auguste ministère, si vous n'aviez à cœur de l'honorer ?

Et comment l'honorer, sinon par la gravité des mœurs, la sagesse des conseils, la sainteté de la conduite, le zèle pour le bien [2] ?

Votre ministère vous élève. Mais combien plus vous élèverez-vous en le remplissant de cette sorte ! A l'honneur extérieur, provenant d'un choix purement gratuit de la part de Dieu, vous aurez ajouté l'honneur complé-

1. Honorificabo, id est, laudabo, honorifice peragam, illustrabo et exornabo..., id est condecorabo, glorificabo tam verbis quam factis. (*Cornel. a Lap.*, Comment. in loc. cit.)

2. Paulum imitari curato in honorificando ministerium tuum. Honorificabis autem gravitate morum, maturitate consiliorum, actuum honestate. (S. Bern., Epist. xxviii ad Ardutionem Geneben. Episc.)

mentaire et sans lequel l'autre serait insuffisant, celui qui provient de l'excellence des dispositions intérieures, des vertus pratiquées dans l'exercice de ce ministère.

V. — SE MONTRER MINISTRE DE DIEU

In omnibus exhibeamus nosmetipsos sicut Dei ministros[1]. (II Cor., VI, 4.)

Tel est le moyen d'honorer votre ministère : vous montrer en tout, partout et avec tous, *ministres de Dieu*, et, par là, vous différencier de ceux qui, dans l'éducation, n'agissent que comme ministres des hommes.

Ministros Dei; ses ministres, c'est-à-dire ses substituts, ses représentants, ses lieutenants, chargés d'accomplir ses volontés et de réaliser ses desseins sur les âmes qu'il vous a confiées.

Ministros Dei; ses ministres, n'ayant pas seulement son autorité, mais aussi son esprit, pensant comme lui, voulant comme lui, agissant comme lui, vivant en une telle conformité avec lui, que vous soyez ses vivantes images, ses copies fidèles, et comme une extension de lui-même.

Ministros Dei, faisant de l'éducation une œuvre éminemment surnaturelle, dans laquelle le prêtre apparaisse et prédomine. C'est bien cela qu'on attend de vous, et c'est cela qu'on veut voir en vous. Aux yeux de ceux qui recourent à votre ministère, des familles chrétiennes qui vous confient leurs enfants, vous êtes des ministres de Dieu en même temps que des éducateurs. Dans leur pensée, ces deux qualités vont ensemble; elles se confondent dans une idée unique et se formulent en deux mots qui n'en font qu'un : *Prêtres éducateurs.*

Voilà ce que vous êtes. Il faut qu'on le voie et, pour qu'on le voie, vous devez le montrer : *exhibeamus.*

1. Montrons-nous, en toutes choses, comme des ministres de Dieu.

Exhibeamus. C'est une *exhibition*, une démonstration, une déclaration, manifeste, indubitable, qui doit se dégager, sans effort, comme naturellement, de tout votre être et recommander votre ministère, l'imposer au respect, à l'estime et à la confiance de tous ceux qui attendent de vous cette « exhibition », qui la recherchent et en ont un légitime souci[1].

Mais comment montrer ce qu'on n'a pas? Comment faire paraître au dehors ce qui fait défaut au dedans? A moins d'être hypocrite et de se condamner à n'être qu'un de ces « sépulcres blanchis » dont il est question dans l'Évangile.

Illusoire calcul serait celui-là. Car un regard tant soit peu observateur aurait bien vite découvert en vous, malgré les dehors trompeurs et les fausses apparences, autre chose que des « ministres de Dieu ». Inévitablement et malgré vous, vous finiriez par vous trahir, et par laisser apparaître ce qu'il y aurait derrière la blancheur extérieure du sépulcre, dans le sépulcre lui-même. Et, au lieu de vous recommander et de recommander votre ministère, vous vous déprécieriez et le déprécieriez aux yeux des gens de bien, des familles qui vous confient leurs enfants et de ces enfants eux-mêmes dont le regard est plus observateur qu'on ne le croit.

Donc *exhibeamus;* mais n'exhibez, ne montrez que ce que vous êtes ; et soyez avant tout, par dessus tout, des ministres de Dieu, *ministros Dei*.

Ministres de Dieu : soyez-le aussi en toutes choses et en toutes circonstances, partout et avec tous : *in omnibus*. A quelque moment de votre journée d'éducateurs qu'on vous rencontre ou qu'on vous observe, à quelque détail de vos fonctions que l'on vous trouve occupés,

1. Exhibeamus nos, quod Erasmus vertit in commendantes, alii declarantes, optime Syrus præstantes, sive exhibentes. (*Cornel. a Lap.*, Comment. in loc. cit.)

apparaissez toujours ministres de Dieu et serviteurs des âmes, tout imprégnés de l'esprit de votre sacerdoce, tout rayonnants des vertus de votre saint état.

Que ce soit là comme votre physionomie morale habituelle, invariable, inaltérable. Le caractère sacerdotal que vous avez reçu, au jour béni de votre ordination, a été imprimé en vous en traits ineffaçables. Ce caractère, faites en sorte qu'il apparaisse en toute votre conduite, dans tous vos rapports avec ceux que votre fonction d'éducateurs vous fait approcher : *in omnibus*. Plus il apparaîtra, plus vous grandirez dans l'estime de tous, plus aussi grandira votre prestige, plus s'étendra votre action, plus sera efficace votre ministère.

II

DEVOIRS SPÉCIAUX

1. — INSTRUIRE LA JEUNESSE

1° L'instruction naturelle

Filii tibi sunt? Erudi illos [1]. (Eccli., VII, 25.)

L'éducation est une paternité, la plus auguste des paternités, selon qu'il a été dit et démontré plus haut.

Or l'une des principales obligations qui découlent de la paternité, c'est l'instruction de l'enfant. Cette instruction embrasse les connaissances *naturelles* et les connaissances *surnaturelles*. Ne parlons ici que des premières.

En vous confiant leurs enfants, prêtres éducateurs, les familles ont eu en vue de se décharger sur un autre

1. Tu as des fils? Instruis-les.

d'une obligation que toutes, pour des raisons diverses, n'étaient pas capables de remplir : celle d'instruire ces enfants, de leur faire acquérir les connaissances nécessaires pour atteindre tel ou tel but, pour parvenir à telle ou telle situation sociale.

C'est à vous qu'elles ont donné le mandat de les remplacer dans l'accomplissement de ce devoir. Vous voilà donc substitués au père et à la mère de ces enfants. Ces enfants sont, de ce chef, devenus vos fils : *filii tibi sunt.* Comme tels, vous leur devez la sollicitude, l'amour, le dévouement. Leurs intérêts, leur avenir doivent vous préoccuper autant qu'en sont préoccupés ceux dont vous êtes les représentants officiels et les mandataires légitimes.

Erudi illos. Instruisez-les. C'est pour cela qu'on vous les a confiés. Ils sont ignorants ; ils ont tout à acquérir. Leur intelligence est comme un grenier où doivent s'amasser, sans confusion ni encombrement, mais avec ordre et précision, toutes les connaissances compatibles avec leur âge et leurs aptitudes. A vous de pourvoir à cet approvisionnement intellectuel. A vous d'orner, d'exercer, de diriger, de former et de façonner des facultés, des puissances qui, abandonnées à elles-mêmes, resteraient infécondes, ou qui, semblables à ces terres en friches où jamais la charrue ne passe, ne produiraient que des ronces et des épines, c'est-à-dire des pensées vaines, des conceptions sans consistance.

Erudi illos. Instruisez-les, et ayez à cœur de les diriger et de les faire progresser dans le domaine du savoir. Ne vous bornez pas à ne souhaiter pour eux et à ne leur faire acquérir qu'une instruction médiocre, superficielle, incomplète. L'État-éducateur a la prétention d'avoir le monopole de la science, et de posséder seul le secret de faire des hommes instruits. Montrez que l'Église ne lui est pas, sous ce rapport, inférieure et que, mère, protectrice, propagatrice de toutes les sciences, de la vraie science, elle sait, Dieu merci, former des maîtres capables et des élèves dignes de ces maîtres [1].

Erudi illos. Mais pour donner il faut avoir. Pour instruire il faut être instruit soi-même : *nemo dat quod non habet.* Si donc vous voulez être ou devenir des maîtres érudits, des instituteurs à la hauteur de leur tâche, travaillez à acquérir la science que vous devez dispenser, communiquer à vos jeunes disciples.

La science vous donnera aux yeux de ces derniers une autorité, un prestige, une influence qui de leur intelligence passera sur leur âme et vous permettra de les former plus efficacement à la vertu. Développez, fortifiez, précisez, de jour en jour davantage, vos connaissances; donnez plus d'étendue, de profondeur, de plénitude à votre savoir. Et, en même temps, efforcez-vous d'acquérir plus de méthode et de vous rendre plus aptes à vulgariser les choses enseignées, à les faire pénétrer bien avant dans l'esprit de l'élève, à élargir insensiblement et graduellement les horizons de ses connaissances. Enfin, que tout votre zèle, toute votre intelligence, toute votre sagacité, toute votre industrie tendent à vous perfectionner, sous tous rapports, dans l'art d'instruire et

1. « L'Église redoute si peu la science que, depuis dix-huit siècles, elle n'a cessé de porter ses enfants aux études scientifiques. Elle est si sûre de la vérité qu'elle enseigne, qu'elle ne craint ni les hardies découvertes de l'expérience, ni les profonds raisonnements de la philosophie. Durant douze cents ans, elle a été seule dépositaire des connaissances humaines. Elle aurait pu les étouffer dans le silence, elle a multiplié les grandes écoles pour leur donner plus d'extension et de vie. L'ignorance des clercs lui a toujours blessé le cœur; elle était si avide de lumière, que, la première, elle a voulu la faire luire aux yeux du peuple par l'instruction donnée à l'ouvrier, au pauvre et au paysan. Les progrès modernes l'effrayent si peu, qu'elle réclame à grands cris d'y prendre sa part : il y a tels Instituts Catholiques où les études sont poussées plus avant que dans les Facultés officielles. » (*L'Éducateur apôtre*, par l'abbé GUIBERT, IIe partie. L'exercice de l'apostolat. — La science.)

à vous faire réaliser, aussi parfaitement que possible, cette première partie du programme de l'éducateur : *Erudi illos.*

2° L'instruction religieuse et surnaturelle

Filii tibi sunt? Erudi illos. (Eccli., VII, 25.)

Instruire ne veut pas précisément ni uniquement dire rendre savant, érudit dans les connaissances humaines, scientifiques, artistiques, littéraires. Ces connaissances, à vrai dire, ne sont pas nécessaires à tous ni au même degré. Instruire veut surtout dire communiquer une connaissance essentiellement utile, indispensable, celle qui convient à tous et qui est réclamée par tous; celle enfin qui, selon l'étymologie du mot *instruire*, dresse, forme, polit et développe la nature de l'homme : la connaissance et la notion du devoir, des diverses obligations de la vie, des principes de la justice, de l'honnêteté, de la moralité.

Ces principes, il est vrai, sont, pour ainsi dire, innés en nous, comme la notion de Dieu. Mais il est nécessaire qu'ils soient précisés, expliqués, rendus plus sensibles, afin de servir au gouvernement pratique de la vie.

Instruire c'est encore élever l'esprit au-delà et au-dessus des horizons bornés du temps, au-dessus de la connaissance des vérités naturelles, jusqu'à la connaissance des vérités surnaturelles, des mystères de la vie future, jusqu'à la connaissance de Dieu et des devoirs de l'homme envers lui. En d'autres termes, instruire c'est enseigner la science suréminente de la vraie religion, c'est-à-dire des rapports qui existent entre la créature et son Créateur.

Pour vous, prêtres catholiques, instruire c'est montrer dans la sainte Église la continuatrice de l'œuvre du

Christ, une mère à laquelle ces enfants devront rester soumis, dont ils devront accepter, sans jamais murmurer, les enseignements et les directions.

Un père, tout père de famille est obligé, par état, et d'une façon rigoureuse, d'instruire ses enfants sur ces points essentiels. Mais ce devoir, l'un des plus importants de la paternité naturelle, incombe, d'une façon toute particulière, à la paternité spirituelle. C'est là, sans contredit, le devoir principal du prêtre éducateur, générateur et directeur des âmes.

Les enfants qu'on lui confie doivent devenir ses propres enfants; et il doit leur être un vrai père. C'est bien à ce titre et dans ce but que les parents les lui confient; c'est à ce titre et dans ce but aussi qu'il les doit accepter.

Or l'Esprit-Saint dit au prêtre éducateur, père dans l'ordre de la grâce, comme il dit au père selon la nature : « *Filii tibi sunt? Erudi illos.* » Ces enfants, instruisez-les dans la science qui fait les hommes de savoir, les hommes supérieurs, distingués, érudits. Donnez-leur, communiquez-leur la plus grande somme possible de connaissances utiles et rendez-les, par là, capables de briller dans la société, de rendre service à leurs semblables et de faire honneur à la religion qui les aura instruits.

Mais instruisez-les aussi et avec plus de sollicitude encore, en la science des choses éternelles, sans laquelle toute autre connaissance est vaine, incomplète et, le plus souvent, funeste [1].

1. « Quelle science doit posséder le maître?... Je hais la distinction funeste introduite entre la science profane et la science sacrée. Il n'y a pas de science profane. Les objets du savoir sont seulement multiples : il y a Dieu et ses œuvres. Dieu peut être atteint par la raison ou par la révélation. De ces deux sources de vérité émanent des rayons qui éclairent l'homme et le monde. Toute science sera tronquée, dès qu'elle n'atteindra qu'une partie de son objet. Si vous n'étudiez que Dieu, vous ne savez pas tout; si vous n'étudiez que le monde, vous ne savez presque rien. L'étude du monde doit marcher de front avec l'étude de

C'est par là surtout que le prêtre doit se montrer éducateur et différer des autres maîtres. Ceux-ci n'ont qu'une préoccupation : communiquer une science exclusivement profane et terrestre, d'où toute notion surnaturelle est systématiquement bannie. Et tandis qu'ils ne négligent rien pour inculquer à leurs disciples des connaissances universelles, ils considèrent comme inutile et superflue la connaissance de Dieu, de Jésus-Christ, des vérités du christianisme et des devoirs de la religion. A vous, prêtres, ministres du Dieu de vérité, dispensateurs de la science éternelle, à vous de faire briller dans les intelligences de vos disciples, les pures clartés de cette divine science. A vous de développer, de fortifier, de compléter toutes les notions réclamées par ces intelligences, pour former cette science indispensable au gouvernement de la vie présente et à l'acquisition de la vie future. Et sans négliger l'instruction naturelle, tout en la dispensant, au contraire, avec intelligence, zèle et dévouement, donnez bien tous vos soins à la dispensation de l'instruction surnaturelle, qui fera de vos élèves des croyants et des chrétiens.

Mais ici encore, il importe de répéter ce qui a été dit plus haut, relativement à l'instruction profane et naturelle : *Nemo dat quod non habet.*

L'obligation d'enseigner la science surnaturelle implique de toute nécessité l'obligation de posséder soi-même cette science : ces deux obligations sont inséparables l'une de l'autre. Si donc vous voulez être vraiment des maîtres en la science religieuse et surnaturelle,

Dieu : elles se complètent et doivent se compénétrer. (GUIBERT, *l'Educateur apôtre*, Ire partie : La science de l'éducateur. — « Soyez chrétien en tout. Ne distinguez point une partie profane et une partie sacrée dans votre enseignement. Projetez sur toutes vos leçons la douce lumière qui émane du soleil de vérité... C'est le cœur du maître qui caractérise son école. Son école est chrétienne si la foi vivifie ses leçons ; elle serait païenne, malgré le catéchisme et l'Évangile, si le maître était indifférent. » (Id., 2e partie : Exercice de l'apostolat. — Enseigner la foi.)

prenez la peine de l'acquérir et de vous rendre capables de l'enseigner. Ne vous contentez pas des notions théologiques acquises dans l'étude initiale du séminaire. Complétez vos connaissances, rendez-les plus précises, et surtout plus pratiques. Dégagez-les du domaine purement spéculatif. Considérez les vérités de la foi dans leur enchaînement, leur synthèse, leur rayonnement, leur influence sanctifiante, leurs rapports avec les règles de la morale et les devoirs du christianisme. Par dessus tout, ayez la science de Jésus-Christ[1], c'est-à-dire la science de « la voie, de la vérité et de la vie[2] », afin de la pouvoir communiquer, et fournir, par là, à ceux que vous devez instruire, le moyen de parvenir à la vie éternelle, car « *hæc est vita æterna ut cognoscant te, solum Deum verum, et quem misisti Jesum Christum*[3]. »

1. Mais (pour faire œuvre complète d'enseignement) « il faut savoir révéler Jésus-Christ, il faut faire lever ce soleil rayonnant sur l'horizon des intelligences. A mesure qu'il monte au firmament d'une âme, il l'inonde de lumière et de chaleur, il la féconde, il la transforme... Puisque le maître a tout dit lorsqu'il l'a bien fait connaître, il sera donc savant lui-même quand il l'aura appris... Tout éducateur pour qui Jésus n'est pas le centre de toute connaissance, soit divine, soit humaine, et le foyer de toute vie, soit intérieure, soit extérieure, ne sera jamais l'apôtre que nous voulons former. » (*L'Éducateur apôtre*, Ire partie : La science de l'éducation.)

2. Joan., XIV, 6.

3. La vie éternelle c'est qu'on vous connaisse, vous le seul vrai Dieu, et Celui que vous avez envoyé, Jésus-Christ. (Joan., XVII, 3.) — Hæc verba ad litteram explicanda sunt in sensu non formali, sed causali, quasi diceretur : « Hæc est vita æterna, » id est hæc est causa vitæ æternæ, vel hæc via ad vitam æternam... — Fides enim est quasi inchoatio visionis beatificæ, in qua vita æterna et beatitudo consistit : fides enim parit spem, spes caritatem, caritas bona opera, quibus meremur vitam æternam. (*Cornel. a Lap.*, Comment. in loc. cit.)

3° Les qualités de l'instruction

> Tu autem, loquere quæ decent, sanam doctrinam... Verbum irreprehensibile... Loquere, et exhortare, et argue cum imperio [1]. (Tit., II, 1, 8.)

Tout le programme de l'éducation intellectuelle est contenu et résumé dans ces recommandations de l'Apôtre.

C'est par la parole que le maître enseigne, par elle qu'il dispense la doctrine et communique la science à ses disciples. Aussi votre devoir, prêtres éducateurs, est-il de parler : *Tu autem, loquere.*

Mais parler ne suffit pas; il faut parler d'une façon utile et profitable; et pour que l'enseignement que vous professez par la parole, soit d'un réel profit à ceux qui le reçoivent, il doit être revêtu de certaines qualités.

Et d'abord : *Loquere quæ decent.* Instruire l'enfant pour le rendre capable d'arriver à une position honorable dans la société et de se diriger dans la vie : c'est votre mission. Mais cette mission, pour être bien remplie, demande que vous instruisiez l'enfant sur les choses qu'il lui importe le plus de connaître et en la façon qui peut le mieux lui faire atteindre le but de la vie.

Enseignez-lui donc progressivement, sans encombrement, ce qu'il doit savoir, suivant la position sociale qu'il devra occuper un jour. Instruisez-le, ornez, enrichissez son esprit de toutes les connaissances utiles, dans l'ordre naturel. Mais prenez garde de négliger l'enseignement nécessaire à sa vie morale, à son avenir éternel. Prenez garde de lui laisser ignorer ce qu'il convient que l'enfant sache de bonne heure. *Loquere quæ decent.* Inculquez-lui l'exacte notion du bien et du mal; rendez-le capable de discerner le juste de l'injuste;

1. Pour vous, enseignez ce qui est conforme à la saine doctrine... Que votre parole soit irrépréhensible... Parlez, exhortez et reprenez avec une pleine autorité.

initiez-le à la connaissance de Dieu, de ses mystères, des vérités religieuses, des devoirs du christianisme; en un mot, formez son esprit, dans l'ordre surnaturel, à tout ce qui constitue la science du chrétien.

Hélas! l'éducation moderne de la famille et l'enseignement officiel des écoles neutres tendent à faire disparaître ces indispensables notions. Elles ne sont plus guère de mode, et l'on est parfaitement bien venu, aujourd'hui, de les ignorer. Les productions d'une presse rationaliste et sceptique, les préjugés en circulation dans une société antichrétienne et, sous certains rapports, païenne, ont faussé les idées les plus élémentaires de la morale et altéré les principes fondamentaux de l'ordre social.

Eh bien, *loquere;* prêtres éducateurs, vous qui avez le droit et la mission d'instruire, vous à qui le Sauveur a dit, comme prêtres, successeurs et continuateurs des apôtres : « *Euntes, docete* », il faut parler et enseigner, dire et redire à outrance ce que d'autres n'osent pas ou ne veulent pas dire : *loquere!* Ces principes dénaturés ou passés sous silence, ces essentielles notions négligées ou faussées, il faut les rappeler, les préciser, les faire pénétrer dans l'esprit de vos élèves.

Quæ decent : parce qu'il est non seulement convenable et décent, mais indispensable de connaître cela avant tout le reste et mieux que tout le reste. Le reste sans cela est inutile ou nuisible; tandis qu'il y a réel et incontestable profit à connaître, à posséder cette science saine et salutaire à l'âme, *sanam doctrinam.*

Prêtres éducateurs, ne l'oubliez pas, votre mission consiste à faire la contre-partie de l'apostolat infernal exercé par l'enseignement athée des écoles où l'on apprend tout, excepté *quæ decent, sanam doctrinam;* à assainir, par une doctrine exacte, formulée avec précision, sans équivoque ni subtilité obscure, les notions acquises dans le milieu insuffisamment chrétien de la famille et à corriger ce que peut avoir produit de défectueux dans les idées la première éducation domestique.

Loquere ! oui, il faut parler, car *fides ex auditu* : cela est surtout vrai de la foi de l'enfant. L'enfant est naturellement crédule ; il ajoute naïvement foi à ce qu'on lui enseigne. Il accepte sans défiance ni discussion les notions qui lui sont inculquées par ses parents et ses maîtres, par tous ceux qui ont autorité sur lui. Et qui ne sait que ces premières notions sont ordinairement les plus durables et les plus décisives, celles qui s'impriment le plus profondément dans l'esprit de l'enfant ; et que de ces notions dépendent, le plus souvent, la direction de la vie tout entière, l'esprit qui règle et anime la conduite d'un homme?

Donc *loquere !* Mais cela ne suffit pas. Il ne suffit même pas que ce soit *sanam doctrinam*, un enseignement dégagé de tout alliage rationaliste, naturaliste, un enseignement saturé de foi et d'esprit chrétien ; il y a encore à se préoccuper de la manière, de la méthode qui convient à cet enseignement, et à s'appliquer à la rendre aussi excellente que possible.

Voilà pourquoi l'Apôtre ajoute : « *Verbum sanum, irreprehensibile.* »

Qu'est-ce qu'une parole saine : *verbum sanum ?* C'est une parole bonne et bienfaisante, une parole qui, non seulement ne fait pas de mal, mais dont la nature est de faire du bien, comme on le dit de la nourriture.

La parole, en un sens, n'est-elle pas une nourriture ? Que fait celui qui enseigne? sinon satisfaire l'*appétit* des intelligences qu'il instruit.

Il faut donc, prêtres éducateurs, que votre parole soit saine, c'est-à-dire qu'elle porte à la vertu, qu'elle encourage et développe les bons instincts, qu'elle rende meilleurs ceux sur qui elle tombe. Vous enseignez une doctrine *saine*, contenant tous les éléments d'une formation intellectuelle et morale complète. A vous, par votre parole, de rendre ces éléments actifs et féconds, de les faire tourner au plus grand profit de cette jeunesse que vous avez le devoir d'instruire.

A cette condition, votre parole sera sans reproche, *verbum irreprehensibile.* Serait-elle sans reproche, si vous vous borniez à enseigner d'une façon quelconque et comme par manière d'acquit, ce qu'il importe le plus à l'homme de savoir, ce qui, plus que tout le reste, contribue à sa vraie grandeur morale?

Aussi l'Apôtre ne se contente-t-il pas de dire : « *Hæc loquere* » ; il ajoute avec raison : « *et exhortare.* » Car, comme ce que vous devez dire et enseigner, prêtres éducateurs, c'est ce qu'il faut aimer ou faire ; c'est donc un devoir pour vous, non seulement de le faire connaître et de l'enseigner, mais aussi de le recommander, d'y exhorter, et qu'ainsi ce que vous enseignez devienne la règle de conduite et la loi de vie de ceux que vous instruisez. Par là surtout, vous faites œuvre saine et salutaire, vous élevez votre ministère d'enseignement à la hauteur d'un très utile apostolat.

Enfin l'Apôtre ajoute : « *Et argue cum omni imperio.* » Qu'est-ce à dire? sinon que parmi vos disciples il peut s'en trouver dont l'esprit indocile, prévenu contre la saine doctrine que vous avez la mission de leur enseigner, résiste à votre parole et refuse d'adhérer à vos exhortations. Prenez garde de vous laisser intimider par cette attitude de défiance, d'orgueil, d'indépendance intellectuelle. Mais avec toute l'énergie et l'autorité de votre office de maîtres, de docteurs, combattez cette résistance en affirmant la vérité intégralement et sans ménagement, *argue cum omni imperio*[1].

1. Et si qui hortationi suavi non pareant, argue eos cum omni imperio, plena potestate et auctoritate, tanquam archiepiscopus cui demandata est auctoritas, jus et munus regendi docendique populum tibi subditum... Non ergo vult (apostolus) Titum imperiose agere, sed imperio et potestate sua uti in arguendo et compescendo eos qui rebelles et cervicosi sunt ; tales enim non ignare, remisse ac timide, sed cum libertate, gravitate ac acrimonia increpandi sunt. (*Cornel. a Lap.*, Comment. in loc. cit.)

C'est votre devoir. Vous êtes les défenseurs officiels de la vérité, les interprètes autorisés de la saine doctrine. Nul ne doit, en principe et en fait, vous contredire. Ayant reçu de Dieu la mission d'enseigner, vous feriez injure à la vérité, vous seriez infidèles à cette mission, si vous n'exerciez cet empire, *cum imperio*, ce magistère surnaturel que Dieu vous a octroyé sur les intelligences et sur les âmes.

Il faut, ne l'oubliez pas, que l'enfant n'ait jamais raison contre la vérité, contre la saine doctrine dont vous avez reçu le dépôt et que vous êtes chargés de lui transmettre. Il faut que toutes ses tentatives d'émancipation, toutes les sottes révoltes de son orgueil, de sa raison indépendante, viennent invariablement échouer, se briser devant le *verbum sanum, irreprehensibile*, qui les signale, les découvre, les corrige et, au besoin, les réprime et les condamne. Et ce serait, de votre part, trahir la vérité dont vous êtes, par état et par mission, les propagateurs et les défenseurs, que de paraître insensibles à l'indifférence des esprits auxquels elle serait proposée ou de vous laisser intimider par les résistances qu'elle rencontrerait de leur part.

II. — FORMER LA JEUNESSE A LA DISCIPLINE

> Et vos, patres,... educate illos (filios) in disciplina et correptione Domini[1]. (Ephes., VI, 4.)

Un autre devoir de l'éducateur, et, sans contredit, l'un des plus importants, consiste à former la jeunesse à la discipline, c'est-à-dire à l'assujettir ou plutôt à l'incliner et finalement à l'affectionner, à l'attacher à l'observation des lois, des règlements scolaires.

Ces lois, ces règlements, institués et formulés par les hommes, n'ont d'autre but que de maintenir ceux à qui on les impose dans l'ordre établi par Dieu.

1. Pour vous, pères, élevez vos fils dans la discipline et la correction du Seigneur.

Là, en effet, où la discipline est en vigueur, où les règlements sont respectés et observés, existe l'ordre, ce qui revient à dire l'harmonie morale et, avec elle, la paix, définie par le Docteur Angélique la tranquillité de l'ordre, *tranquillitas ordinis*[1].

Là, au contraire, où la discipline languit, est négligée, inobservée, c'est le désordre, la confusion, l'agitation, la division des esprits, des cœurs et des volontés.

Or, si quelque part la discipline doit être en honneur, c'est assurément là où il y a collectivité, réunion d'individus formant communauté. C'est nécessaire à ce point que, sans discipline, il n'y a pas de communauté possible.

Cela est encore plus nécessaire pour les maisons d'éducation, collèges, pensionnats, où vivent des enfants et des adolescents qui n'ont encore aucune expérience et, par conséquent, nulle compétence pour le sage gouvernement de leur vie.

A cet âge mobile et variable, à ces natures exubérantes et indépendantes, il faut de toute nécessité un joug, un frein, qui les soumette à une direction, qui réprime et empêche tous les écarts possibles. Ce joug, ce frein, c'est la *discipline*.

L'Esprit-Saint dit qu'il faut élever les enfants dans la discipline : *educate in disciplina*. Cette expression mérite d'être étudiée et comprise.

« Elever dans la discipline » ne veut pas dire imposer la discipline, y assujettir par la force brutale ou par une rigueur outrée, y emprisonner, en quelque sorte, les volontés par contrainte.

Cela veut plutôt dire : l'insinuer, amener doucement

1. La discipline est la protectrice de la piété et de la foi des élèves, la gardienne des mœurs, le gage des fortes études, l'inspiratrice du bon esprit, la conservatrice de la docilité, du respect, de l'affection même; la maîtresse, la dispensatrice, la trésorière du temps; le nerf de tout le règlement, et, quand il le faut, le vengeur des infractions. (*De l'Education*, par Mgr DUPANLOUP, tome 3e, liv. II. ch. VII.)

à la faire observer en la faisant aimer; la proposer, au lieu de l'imposer; en montrer les avantages pour en mieux faire comprendre la nécessité. C'est habituer l'enfant à conformer sa conduite à la discipline, c'est-à-dire aux lois établies, aux coutumes existantes, à s'inspirer, en toutes circonstances, du devoir.

Art délicat et difficile, si l'on songe à l'inclination naturelle de l'enfant vers l'insoumission et l'indépendance, vers la satisfaction de ses caprices et de ses fantaisies.

Mais, dira-t-on, la persuasion n'est-elle pas superflue, inutile, dangereuse même, à cet âge où la réflexion tient si peu de place et exerce une influence si faible sur les actes et sur la conduite? N'est-il pas plus rationnel ou, tout au moins, plus opportun et plus efficace d'assujettir, sinon de gré, du moins de force, la volonté récalcitrante de l'écolier au joug d'une inflexible discipline?

Faire cela ne serait assurément pas faire œuvre d'éducation intelligente, profitable et surtout chrétienne. On peut bien, par la force ou la crainte, obtenir l'obéissance matérielle, passive. On n'arrivera jamais, par ce procédé, à faire de vrais obéissants, des hommes de devoir et de discipline.

Sans doute, il est plus facile de courber l'enfant sous la pression d'une discipline qui veut surtout être forte, que de l'amener, par une éducation progressive, à comprendre de lui-même la puissance et la force de l'autorité disciplinaire et à s'y soumettre spontanément. Mais nous ne prétendons pas que l'œuvre de l'éducateur soit toujours une œuvre facile; il y faut un tact, une délicatesse et, pour ainsi dire, un doigté qui s'acquièrent lentement, et qui font de cette œuvre maîtresse l'art des arts.

Educate illos. Dressez-les, initiez-les à cela, sans violence ni pression, en leur inspirant l'estime, le respect de la discipline et, par suite, la fidélité aux principes disciplinaires.

L'entreprise est ardue; mais vous avez reçu de Dieu la grâce de vous y dévouer et de la mener à bonne fin.

Educate illos... in disciplina. Toutefois, il est des circonstances où l'intérêt même de la discipline exige que ceux qui doivent avoir le souci de son maintien sachent réprimer les atteintes à cette discipline et y ramener ceux qui l'ont violée. C'est ce que l'Esprit-Saint lui-même recommande en disant : « *Educate illos... in correptione Domini.* »

Mais cette répression, pour être salutaire, doit toujours s'inspirer de cet esprit surnaturel dont doivent être animés les ministres du Seigneur. Voilà pourquoi l'Apôtre a soin de dire : « *in correptione Domini.* » Toute passion et violence apportées dans le châtiment d'une faute ne peuvent que rendre ce châtiment odieux et qu'entretenir au cœur de l'élève un sentiment croissant d'aversion, non seulement contre les maîtres, mais aussi contre la discipline, occasion de ce châtiment.

Il sera parlé plus loin de la correction, lorsqu'il sera question de l'exercice de l'autorité de l'éducateur et des qualités que cette autorité doit avoir. Pour le moment, pesez cette recommandation de l'Apôtre, qui fait autorité en la matière : « *Educate illos... in correptione Domini;* » et, sachant de quelle importance est la discipline, quels avantages elle procure partout où elle est en vigueur, ne négligez rien, prêtres éducateurs, pour la faire estimer et honorer par ceux dont vous avez à effectuer la formation.

Jamais, peut-être, il ne fut plus nécessaire qu'à notre époque, aux éducateurs, de porter sur ce point leur attention et leurs efforts. Il semble, en effet, qu'un souffle d'indépendance ait passé sur toutes les institutions sociales pour les ébranler jusqu'en leurs fondements, c'est-à-dire pour renverser les lois qui les régissent. La génération actuelle assiste au plus funeste spectacle et reçoit les leçons les plus dangereuses qui se puissent concevoir; elle s'habitue à l'indiscipline en la constatant partout autour d'elle...

Prêtres éducateurs, à vous de conjurer les désastreuses conséquences que permet de pressentir et de redouter un tel état de choses, en élevant la jeunesse écolière dans la discipline : *Educate illos in disciplina.* Vous avez pour cela plus que l'autorité et la force matérielles ; vous avez l'autorité morale, l'action surnaturelle de la grâce, votre action personnelle comme prêtres. C'est assez pour assujettir suavement et fortement au joug de la discipline des volontés qui, en somme, sont encore flexibles et que, plus que nul autre, vous avez le pouvoir ou mieux l'art divin de rendre dociles; car, après Dieu, nul, plus que vous, ne peut s'approprier ces paroles de nos Saints Livres : « *Traham eos in vinculis caritatis*[1]. »

III. — COMMUNIQUER LA VIE CHRÉTIENNE

Filioli mei, quos iterum parturio, donec Christus formetur in vobis[2]. (Galat., IV, 19.)

Ces sentiments du grand Apôtre sont ceux qui doivent animer un prêtre éducateur.

Ainsi qu'il a été dit plus haut, l'éducation de la jeunesse est une véritable paternité. Le prêtre est, par état, un générateur d'âmes. Le prêtre éducateur l'est à un titre tout spécial. Ces âmes d'enfants que la grâce baptismale a fait naître à la vie chrétienne, il faut leur communiquer une sorte de vie nouvelle, une seconde vie, ou du moins compléter en eux la vie première en les initiant à la pratique des vertus qui préparent à la

1. Je les attirerai dans les liens de l'amour. (Os., XI, 4.) — Super hæc : « Vera ratio vincendi hostem, est eum vincere amore, et vincere beneficiis. » (*Cornel. a Lap.*, Comment. in loc. cit.)

2. Mes petits enfants, pour qui j'éprouve de nouveau les douleurs de l'enfantement, jusqu'à ce que le Christ soit formé en vous.

vie éternelle ; il faut leur rendre la vie de la grâce, que le péché fait perdre ; il faut, au prix d'un vrai travail d'enfantement, les former à la connaissance et à l'amour de Jésus-Christ, les faire vivre de la vie même de Jésus-Christ [1], *donec Christus formetur in vobis*. C'est le rôle du prêtre éducateur, c'est sa grâce, de les engendrer à cette vie.

Il importe, en effet, de ne pas oublier ce qui a été déjà dit, à savoir que le ministère de l'enseignement, de l'éducation n'est confié au prêtre que pour lui permettre d'atteindre plus facilement les âmes de ceux qu'il est chargé d'instruire et d'élever. Une maison d'éducation est, en somme, une paroisse. Ici comme là, ce qu'il faut voir, désirer, vouloir, aimer avant tout, ce sont les âmes, c'est le bien surnaturel des âmes, leur sanctification, leur salut. Tout le reste doit converger à cela, y être subordonné. Penser et faire autrement serait un contre-sens et une faute, d'autant plus grave, qu'on négligerait davantage le principal pour l'accessoire ou, du moins, ce qui, en droit et en fait, doit passer en premier lieu, pour ce qui ne doit passer qu'en second.

Filioli mei. Ce mot, prêtres, dit toute la tendresse surnaturelle dont vous devez être animés, remplis pour ces enfants, pour ces petits enfants, *filioli*, qui sont réellement vôtres, *mei*, par la grâce et la volonté de Dieu.

Petits, ils le sont, en effet, de toute manière : dans leur intelligence, qui n'est point cultivée, ornée ; dans leur cœur, qui n'est point formé, ouvert aux grands et nobles sentiments ; dans leur volonté, qui est faible, vacillante, non encore dressée à la lutte ; dans leur corps lui-même qui n'a qu'un développement incomplet. C'est précisément pour cela qu'il faut à ces enfants des pères,

1. Ibi enim nascimur ubi renascimur : parturiuntur autem in quibus Christi imago formatur. (S. AMBR., Lib. de Isaac et anima, cap. VIII.)

selon la nature, remplis de sollicitude et de dévouement, prêts à tous les sacrifices pour accomplir cette œuvre de formation physique, intellectuelle et morale. Mais combien plus leur faut-il des pères selon la grâce, pour accomplir l'œuvre de leur formation religieuse, surnaturelle et chrétienne !

Il leur faut plus que des pères : il leur faut des mères. Mères, vous devez l'être, selon l'enseignement exprès de l'Apôtre : *Filioli, quos iterum parturio !*

Quos iterum parturio. L'enfantement est l'œuvre de la mère. C'est à elle qu'incombe le soin laborieux de mettre au monde. — Prêtres éducateurs, c'est jusque là que vous devez aimer vous-mêmes les âmes de ces petits enfants que Dieu vous a confiés, jusqu'à devenir pour ces âmes des mères [1].

L'enfantement se fait au prix d'indicibles douleurs. — Prêtres éducateurs, c'est jusque là aussi que vous devez êtres mères : jusqu'à souffrir, s'il le faut, pour ces âmes, des douleurs comparables à celles de l'enfantement [2]. Et puisque, en réalité, enfanter les âmes c'est en faire des âmes chrétiennes, vivant de la vie du Christ, c'est jusque là que vous devez pousser l'amour maternel de ces âmes : jusqu'à souffrir pour les engendrer à la vie du Christ, *donec Christus formetur in vobis.*

Ces enfants doivent devenir d'autres Christs. Le Christ Jésus veut vivre en eux et leur communiquer, avec sa vie, ses sentiments, ses vertus, sa sainteté, à ce point que chacun d'eux puisse dire avec l'Apôtre : « *Vivo autem, jam non ego : vivit vero in me Christus* [3]. »

Or, votre rôle auprès de ces enfants consiste à les

1. Discite subditorum matres vos esse debere, non dominos. (S. Bern., Serm. 23 in Cant.)

2. Galat., IV, 20. — Notent qui animas... Christo parere student, sibi laborandum et sudandum esse parturientis instar. (*Cornel. a Lap.*, Comment. in loc. cit.)

3. Je vis, mais ce n'est pas moi : c'est le Christ qui vit en moi.

former à la connaissance et à l'amour de Dieu, à l'imitation des exemples de Jésus-Christ, à la pratique de ses divins enseignements ; il consiste à les diriger, à les soutenir dans la voie du bien ; à les encourager, à les aider dans leur lutte contre le mal ; à faire couler la vie chrétienne dans leurs âmes, dans tout leur être, à leur infuser, en quelque sorte, cette vie au moyen des Sacrements destinés à la communiquer, à l'entretenir, la préserver, l'accroître et la perfectionner... Ah ! si les mères selon la nature se glorifient d'avoir mis au monde un homme, quelle gloire n'est-ce pas pour vous, prêtres éducateurs de la jeunesse, d'engendrer des âmes à cette vie de l'esprit, incomparablement supérieure à celle du corps !

Cette gloire, c'est un devoir pour vous d'y prétendre, et le pire des malheurs, la pire des fautes, pour vous, serait de vous en désintéresser !

IV. — FORMER LA JEUNESSE AUX HABITUDES VERTUEUSES

> Filii tibi sunt ?... Curva illos a pueritia illorum [1]. (Eccli., VII, 25.)

C'est le devoir d'un père sage et consciencieux de faire contracter à ses enfants des habitudes honorables, qui soient une sorte de garantie morale de leur avenir. Si ce père est chrétien, il aura à cœur de former ses enfants à la pratique des vertus chrétiennes et de les exercer, de bonne heure, à conformer leur conduite aux enseignements et aux exemples de leur divin maître et modèle, Jésus-Christ.

C'est bien là le sens qu'il faut donner à la recommandation adressée par l'Esprit-Saint aux pères de famille. Après leur avoir rappelé l'obligation où ils sont

1. Avez-vous des enfants ?... pliez-les à de bonnes habitudes, dès leur enfance.

d'instruire leurs enfants et de former leur esprit, il leur rappelle celle où ils sont de former leur cœur et leur volonté, c'est-à-dire les principales facultés de l'homme[1]. En les appelant à l'honneur de la paternité, Dieu leur a imposé le soin d'une triple vie : vie physique, vie intellectuelle et vie morale. Et c'est un devoir sacré pour eux de protéger, d'entretenir et de développer cette triple vie en leurs enfants.

Il est incontestable que la vie morale est celle qui donne à l'homme sa plus haute valeur; plus elle est conforme à l'ordre moral, plus elle élève l'homme. Aussi mérite-t-elle des soins spéciaux et réclame-t-elle une culture assidue, commençant dès l'enfance et se poursuivant, à travers la vie, jusqu'à l'extrême vieillesse.

Mais la vie mo ale, dans sa plénitude et sa perfection, est celle qui, s'inspirant de la loi de Dieu et de la religion, laquelle excite et entraîne la volonté à l'observation de cette loi, met l'homme en conformité avec son Créateur et Maître. C'est elle encore qui, s'inspirant des enseignements et des exemples de Jésus-Christ, de la pensée des récompenses et des châtiments de la vie future, rend l'homme docile à ces enseignements et à ces exemples et le porte à éviter ces châtiments et à se rendre digne de ces récompenses.

S'il est du devoir d'un père chrétien de veiller au développement de la vie morale en ses enfants, c'est très spécialement aussi votre devoir d'y veiller, prêtres éducateurs, ministres de cette religion qui est la plus sûre sauvegarde de la vie morale; représentants et auxiliaires de Jésus-Christ, qui est le modèle des chrétiens. Comme instituteurs, vous avez à former la jeunesse à la

1. « Erudi illos et curva illos. » Vox *erudi* spectat proprie ad intellectum, vox *curva* ad affectum; uterque enim dirigendus et formandus est in pueris et juvenibus, ne vel rudes, vel et indociles maneant, vel inflexiles et indomiti : pueris enim congenita est in intellectu ignorantia : hæc tollenda est eruditione; in affectu superbia et concupiscentia : hæc curvanda et castiganda sunt mortificatione. (*Cornel. a Lap.* Comment. in Eccli., VII, vers. cit.)

science; comme éducateurs, vous avez à la former à la vertu.

Curva illos a pueritia illorum. L'Esprit-Saint emploie une expression particulièrement significative et énergique pour désigner la nature spéciale de cette initiation de la jeunesse à la vertu. *Curva.* Il s'agit, en effet, de la formation morale, vertueuse de l'être tout entier, vicié en ses origines et naturellement enclin au mal. Cette formation suppose, de la part de l'enfant, la lutte contre lui-même, contre les défauts naissants, contre les mauvais penchants; elle implique, par conséquent, des efforts à faire, des difficultés à surmonter, des sacrifices à s'imposer. Tout cela, très pénible à l'homme dans la plénitude de sa raison, l'est bien davantage à l'enfant, c'est-à-dire à ce petit être mobile, volage, irréfléchi, « habitué à n'agir que par impression, par sensibilité, par boutades et par caprices[1].

Votre rôle, prêtres éducateurs, sera donc d'incliner doucement et fortement, — *curva* — la volonté de l'enfant, à entreprendre ces efforts, à surmonter ces difficultés, à accepter ces sacrifices.

Parfois, peut-être, vous trouverez chez l'enfant des habitudes fortement enracinées contre lesquelles il vous faudra lutter, des instincts et des tendances que vous devrez combattre : c'est à vous qu'il appartiendra de modifier ces habitudes, *curva;* de changer l'orientation de ces tendances, *curva*; et de triompher, par toutes les industries de votre intelligence et de votre zèle des résistances que vous rencontrerez[2].

Qui, plus que vous, doit avoir présent à l'esprit cet oracle divin : « *Adolescens juxta viam suam, etiam cum*

1. Abbé A. Sicard : *Les deux maîtres de l'enfance*, 1re partie, ch. III : Education de la volonté.

2. Curva ergo eorum cervicem, ut discant se humiliare et obedire, ut discant frangere suos appetitus et concupiscentias, ut fugiant illecebras et mollitiem (*Cornel. a Lap.*, Comment. in Eccli, VII, vers. cit.)

senuerit non recedet ab eâ? »[1] Qui, plus que vous, doit avoir à cœur d'engager ces jeunes gens dans la voie du bien et de leur faire contracter des habitudes vertueuses?

Prêtres, vous en avez les moyens, car vous avez reçu, avec la mission, la grâce d'instruire et d'éclairer les âmes, de leur montrer le chemin qu'elles doivent suivre, de les y diriger, soutenir et maintenir. Vous êtes les dépositaires et les dispensateurs des grâces divines; vous êtes, d'office, les initiateurs à la vertu, les sanctificateurs des âmes, leurs introducteurs dans la gloire céleste. A vous de remplir dignement, fidèlement et intégralement votre ministère.

A vous d'exercer sur l'âme de l'enfant cette influence de conseil, de direction, d'action pénétrante et persévérante qui, dès le premier âge, le tournera vers Dieu, l'inclinera vers la vertu, l'orientera vers le ciel. *Curva illos a pueritia illorum.*

V. — NOURRIR LA JEUNESSE

2° L'alimentation de l'âme[2]

Accipe puerum istum, et nutri mihi[3].
(Exod., II, 9.)

En vous confiant la mission d'élever la jeunesse, prêtres éducateurs, Dieu vous a chargés de remplir auprès d'elle des fonctions de pères.

Or le père doit procurer à son enfant l'aliment indispensable à l'entretien de sa vie et au développement de ses forces physiques.

1. Le jeune homme suit sa voie: lors même qu'il sera devenu vieux, il ne s'en écartera pas. (Prov., XXII, 6.)

2. J'engage le lecteur désireux de plus amples détails sur cette importante question, à consulter mon ouvrage *Le Régime sauveur, ou la communion dans les maisons d'éducation*, un vol. in-12 de 400 pages. Libr. relig. H. Oudin. Poitiers — Paris.

3. Recevez cet enfant et nourrissez-le pour moi.

Mais « l'homme ne vit pas seulement de pain matériel[1]. » Outre la vie physique et corporelle, il y a chez lui une vie intellectuelle et immatérielle, une vie morale et spirituelle, dont l'entretien n'importe pas moins que l'entretien de l'autre, et sans laquelle l'homme ne serait qu'un être purement organique, ne différant en rien de l'animal sans raison.

A cette vie de l'esprit, à cette vie de l'âme, il faut un aliment, tout aussi bien qu'à la vie du corps. L'aliment de l'esprit, c'est la vérité, c'est la science avec ses innombrables connaissances et ses degrés variés. Cet aliment, vous le servez, prêtres éducateurs, par le double enseignement de la science des choses naturelles et de la vérité surnaturelle. En le servant, vous faites de vos disciples des savants et des croyants, des hommes instruits et des hommes religieux.

Mais ce pain de l'esprit en réclame un autre, pour le compléter et faire de vos disciples des chrétiens selon toute la signification du mot. La vie surnaturelle, pour être alimentée, soutenue, accrue; pour fonctionner et s'exercer régulièrement et produire les actes qui lui sont propres, exige une nourriture supérieure à celle qui vient de l'homme, même au nom de Dieu. Dieu a pourvu à ce besoin et, pour entretenir cette vie surnaturelle, il a lui-même fourni l'aliment de cette vie. Cet aliment n'est autre que la divine Eucharistie : « *Panis quem ego dabo, caro mea est pro mundi vita. Ego sum panis vivus qui de cælo descendi. Si quis manducaverit ex hoc pane vivet*[2]. »

Telle est la déclaration divine, et tel est l'aliment destiné très spécialement à l'entretien de la vie surnaturelle.

1. Matth., IV, 4.
2. Le pain que je donnerai, c'est ma chair pour la vie du monde... Je suis le pain vivant, moi qui suis descendu du ciel... Si quelqu'un mange de ce pain, il vivra. (S. Jean, ch. VI, 52, etc.)

Écoutez ce que dit à ce sujet l'Angélique Docteur : « *Considerantur effectus hujus Sacramenti ex modo quo traditur hoc Sacramentum, quod traditur per modum cibi et potus. Et ideo omnem effectum quem cibus et potus materialis facit quantum ad vitam corporalem, quod scilicet sustentat, auget, reparat et delectat, hoc totum facit hoc Sacramentum quantum ad vitam spiritualem*[1]. »

Or c'est vous, prêtres de Jésus-Christ, qui avez reçu la dispensation de ce divin aliment. C'est à vous que Jésus a confié le soin de le confectionner, de vous en nourrir et de le distribuer[2]. N'oubliez pas que vous êtes *pasteurs*, c'est-à-dire *nourrisseurs* des âmes, et que, à ce titre, vous devez pourvoir à leurs besoins surnaturels et les sustenter de ce « Pain vivant descendu du ciel. » Écoutez encore ce que vous dit l'Église, par l'organe du catéchisme du saint concile de Trente : « *Quare parochi* (et par rapport à vos élèves, vous êtes réellement et positivement *parochi*), *quare parochi parati erunt fideles crebro adhortari ut, quemadmodum corpori in singulos dies alimentum subministrare necessarium putant, ita etiam quotidie hoc Sacramento alendæ et nutriendæ animæ curam non abjiciant; neque enim minus spirituali cibo animam quam naturali corpus indigere perspicuum est*[3]. »

Mais si vous avez vraiment à cœur l'entretien de la vie surnaturelle dans ceux dont vous êtes les pasteurs, vous ne vous bornerez pas à des exhortations générales pour les engager à se nourrir du Pain de vie. Vous y joindrez, comme directeurs de leurs consciences, les exhortations et prescriptions particulières, fondées sur la connaissance des besoins individuels et des dispositions de chacune des âmes que vous avez à conduire. Or

1. Summ. P. III, Q. LXXIX, art. 1.
2. Cujus officium committi voluit solis Presbyteris, quibus sic congruit ut sumant et dont ceteris. (Hymn. in Fest. SS. Sac.)
3. *Catech. Rom.*, part. II, n. 60.

c'est surtout à vous, envisagés sous ce dernier aspect, que s'adresse, en l'appliquant à l'Eucharistie, la recommandation de l'Esprit-Saint : « *Accipe puerum istum et nutri mihi.* »

Nutri. Donnez ce vivifiant aliment ; donnez-le dans une mesure suffisante pour qu'il puisse *nourrir* les âmes qui le mangent. Donnez-le *abondamment*, sans parcimonie, sans réserve. C'est le don fait à l'indigence humaine par l'opulence divine ; un don que le Seigneur multiplie, renouvelle sans cesse, dans son inépuisable charité ; un don qu'il fait à tous sans exception. C'est du pain, c'est *le pain* ; c'est par conséquent, l'aliment ordinaire, destiné aux besoins communs, aux usages courants ; c'est la base même de la vie, de la vie de l'âme, comme l'autre pain, le pain matériel, est la base de la vie du corps. Il faut manger ce pain pour vivre, car le Christ le déclare : « *Panis quem ego dabo, caro mea est pro mundi vita.* »

Donnez-le aussi *prudemment*, avec discernement, sachant à qui vous le donnez, étant moralement certains qu'il sera mangé avec profit[1]. Ayez soin, pour cela, d'exciter, d'entretenir, de développer dans les âmes de ces enfants les sentiments de respect, de désir, d'amour que mérite Celui qui daigne s'offrir à eux pour être leur aliment vital. Amenez-les à comprendre ce que veut faire en leurs âmes ce miséricordieux Sau-

1. En disant : *avec profit*, j'entends donner à ce mot sa signification la plus large. Il y a profit chez un enfant ou un jeune homme, lorsque la communion est suivie d'efforts plus ou moins grands (selon l'âge, le tempérament physique et moral, les passions, les difficultés, les habitudes contractées) suivie, dis-je, d'efforts pour éviter le péché, les occasions de péché, pour résister aux tentations, pour pratiquer les actes des vertus, pour faire enfin du progrès dans le bien. C'est au directeur spirituel à se rendre compte de la réalité et de la mesure du profit, lequel, toutes choses égales, pourra être suffisant chez l'un et ne pas l'être chez l'autre.

veur ; à désirer, avec sa présence eucharistique, les sanctifiants effets qu'il veut produire par elle, et surtout à seconder son action par leur docilité et leurs personnels efforts. Si vous obtenez cela de ces chers fils selon la grâce, soyez assurés que l'Eucharistie les *nourrira*, c'est-à-dire entretiendra et fortifiera en eux la vie surnaturelle qu'elle contient en plénitude.

Enfin, donnez-le *persévéramment*. Les effets de l'Eucharistie ne sont pas toujours apparents, tout réels qu'ils puissent être. Ils ne sont pas aussi prompts et immédiats en l'un comme en l'autre, surtout à l'âge où les passions sont plus vives et où l'inclination à les satisfaire est plus forte[1]. Il faut parfois un temps considérable avant de les avoir maîtrisées et d'avoir acquis les vertus contraires. Bien loin donc de prendre prétexte de la lenteur de la guérison spirituelle ou des progrès dans la vertu pour supprimer l'alimentation eucharistique ou pour la réduire, continuez de la fournir aussi abondante que possible. A qui est faible, la force est nécessaire[2]. Or la force est dans ce pain[3] qui contient en soi la puissance même de Dieu ou, pour mieux dire, le Dieu tout-puissant. Laissez donc ces pauvres âmes anémiées, affaiblies, défaillantes, laissez-les venir et, au besoin, pressez-les de venir puiser la force dans la manducation persévérante du Pain des Forts. Insensiblement, vous verrez la force remplacer la fai-

1. Hoc præcipue debet inducere homines ad communionis frequentiam, quod experimur multos variis peccatis et gravissimis irretitos ex frequenti communione sic esse ad Dominum conversos, ut non videantur peccasse. (Card. TOLET. Instr. sacerd. Lib. VI, c. XIX.)

2. Sacramenta cum sint instituta *potissimum* ad hominum utilitatem et remedium, non est ita ad eorum reverentiam attendendum, ut non debeamus magis attendere ad utilitatem et necessitatem subjecti. Excessus necessitatis tollit irreverentiam ; quo magis crescit necessitas, minor erit irreverentia accedere ad Eucharistiam. (De Lugo : De Sacr. Euch. Disp. XIII, sect. IV.)

3. Omne robur panis. (Is., III, 1.)

blesse et la vertu, devenir comme le tempérament de ces convives assidus de l'Eucharistie.

Nutri mihi. En deux mots, Dieu vous dit votre devoir de *pasteurs* des âmes et la fin en vue de laquelle ce devoir doit être rempli. Nourrir les âmes, et les nourrir *pour lui.*—Les nourrir, car sans une alimentation régulière, elles ne pourraient pas vivre, exercer les actes de la vie chrétienne; — les nourrir pour lui, car tout ce que vous faites, prêtres éducateurs, ne doit avoir qu'un but : rapprocher les âmes de Dieu, les faire vivre par Dieu et pour Dieu. C'est pour lui que Dieu a créé ces âmes; c'est donc vers lui que vous devez les diriger.

Nutri mihi. Nourrissez pour lui ces enfants, c'est-à-dire pour faire des uns des chrétiens, dociles à ses enseignements et à sa loi, généreux et fidèles à imiter ses exemples. Nourrissez-les pour lui, c'est-à-dire pour faire des autres des prêtres qui se consacrent totalement à son service, ne vivent et ne respirent que pour lui. Nourrissez-les pour lui, c'est-à-dire enfin pour faire de tous des élus que Dieu couronne un jour et associe à jamais à sa béatitude et à sa gloire céleste.

Est-il mission plus glorieuse et plus sublime que celle-là? Élever des âmes qui, après avoir vécu ici-bas pour Dieu, vivront là-haut éternellement avec Dieu? Or c'est à cela même que doit aboutir cette alimentation eucharistique des âmes dont le soin vous incombe, prêtres éducateurs. Vous en avez pour garant la déclaration formelle de Jésus-Christ lui-même : « *Qui manducat hunc panem vivet in æternum.* »

Ah! donnez-vous donc avec un zèle infatigable à ce si doux et si fructueux ministère. Soyez fortement et absolument convaincus que cette alimentation par l'Eucharistie des âmes d'enfants et d'adolescents est, de tous les moyens d'éducation, de formation morale, religieuse, chrétienne, non seulement le plus saint, mais encore le plus efficace en lui-même, parce qu'il est le plus divin, celui où l'action de Dieu intervient le plus directement et le plus personnellement : « *Accipe puerum istum et nutri mihi.* »

VI. — AIDER LA JEUNESSE A VOULOIR

Ne timeas, quia ego tecum sum[1].
(Is., XLI, 10.)

L'un des moyens d'éducation par excellence et, par conséquent, l'un des principaux devoirs du prêtre éducateur, consiste à aider la jeunesse à vouloir.

Vouloir, c'est tout l'homme, à vrai dire. On connaît ce mot de saint Augustin : « *Homines sunt voluntates,* » les hommes sont des volontés. De quoi sert, en effet, d'avoir tous les dons de l'esprit, de connaître exactement tous ses devoirs, si la volonté n'a pas la force de les remplir? « Il manquera toujours à l'homme cette empreinte personnelle qui fait qu'un homme est ce qu'il est, et que, pour cette raison on a appelé justement son cachet, sa marque spéciale, son caractère[2].

Si c'est là ce qui fait l'homme, c'est donc là, chez l'enfant, ce qu'il faut cultiver avec un soin particulier. L'enfant ne sait pas vouloir, ou du moins, ce qu'il veut n'est pas toujours ce vers quoi il devrait se porter. Ce qu'il désire, ce qu'il cherche, ce qu'il veut, c'est l'amusement, c'est le jeu, ce sont les plaisirs de son âge. Tout ce qui applique son esprit, réclame son attention, exige des efforts le trouve ordinairement peu disposé si tant est qu'il n'y soit réfractaire. Le devoir n'est pour lui qu'un mot austère, une chose à laquelle, consciemment ou non, il se dérobe autant qu'il peut.

Et, même en supposant qu'il y ait chez l'enfant un certain amour du devoir, une certaine bonne volonté

1. Ne craignez pas, je suis avec vous.

2. Mgr BAUNARD, *Le collège chrétien.* Tome II : La volonté et la force.

pour l'accomplir, l'enfant est, par la nature même de son âge, si volage, si changeant, qu'il est exposé à négliger ce devoir, à l'abandonner, à ne point persévérer dans son accomplissement.

De Maistre a dit : « Celui qui veut une chose en vient à bout; mais la chose la plus difficile dans ce monde, c'est de vouloir. » Si c'est chose difficile à l'homme, à plus forte raison à l'enfant. Et pourtant, sans volonté, pas de vie intellectuelle et pas de vie morale, pas de progrès, pas de valeur réelle, pas d'homme enfin. *Homines sunt voluntates.*

Ajoutons : sans volonté, pas de vertu, de vie chrétienne; pas de victoire sur ses passions; pas d'avancement dans la voie du bien, finalement, pas de salut; car tout s'enchaîne, dans l'ordre surnaturel aussi bien que dans l'ordre naturel. L'Esprit-Saint ne dit-il point que c'est sur ce fondement d'une volonté ferme, généreuse et constante que repose le véritable service que tout homme, tout chrétien doit à Dieu : « *Ut colatis eum et faciatis ejus voluntatem, corde magno et* ANIMO VOLENTI ? »[1]

Or, c'est à vous, prêtres éducateurs, qu'incombe ce soin d'amener, en l'aidant, la jeunesse à *vouloir*. Sachez bien qu'il ne suffit pas à l'éducateur de former l'esprit de ses élèves, d'éclairer leur conscience, de leur faire connaître l'ensemble des devoirs qu'ils ont à remplir. Il faut encore, — et c'est là le point le plus important de ce ministère — il faut encore leur faire pratiquer chacun de ces devoirs, les habituer à obéir aux inspirations, aux injonctions de la conscience, en un mot, faire chez eux l'éducation de la volonté.

Dieu merci, les moyens ne vous font pas défaut pour arriver à cet important résultat et pour réussir en cette

1. Honorez Dieu et faites sa volonté avec un cœur grand et une âme *voulante*. (II Mac., I, 3.)

entreprise. Outre les moyens ordinaires qu'offrent à l'éducateur la vigilance, l'attention à rappeler à l'écolier son devoir, l'autorité morale dont tout maître est investi et qui lui donne un prestige, un ascendant plus ou moins sensible et efficace sur ses élèves, vous avez encore, ô prêtres du Seigneur, un moyen souverain d'entraîner les volontés de vos jeunes disciples ; vous avez l'influence incomparable, le prestige souverain de l'autorité de Dieu dont vous êtes les représentants et les ministres.

On prête à Napoléon Ier ces paroles : « C'est en parlant à l'âme qu'on électrise l'homme. » Or votre caractère, votre ministère, prêtres éducateurs, vous font une obligation de parler à l'*âme* des enfants dont vous avez à faire l'éducation. Sans cesse, vous avez le devoir de rappeler à ces enfants ce qu'ils sont, d'où ils viennent, où ils vont ; sans cesse vous avez l'occasion de nommer Dieu devant eux et, par là même, d'évoquer dans leur esprit l'idée fondamentale de son autorité, de ses droits envers eux et de leurs devoirs envers lui.

Ne sentez-vous pas toute l'efficacité de ce procédé, toute la puissance de cette méthode de formation ? « Là où l'homme ne peut rien ou presque rien, Dieu peut beaucoup, Dieu peut tout, parce que Dieu intervenant dans la conscience, c'est une volonté supérieure qui vient s'imposer à une jeune volonté, qui la lie, qui l'enveloppe, qui l'étreint, en quelque sorte, qui met en jeu tous ses ressorts[1] », qui l'*électrise* enfin et l'entraîne à l'action.

Mais enfin si Dieu agit sur ces volontés, c'est par vous ; par vous qui, en le nommant, en ravivant son souvenir, aurez disposé les volontés de vos disciples à accepter son autorité, à se conformer à sa volonté souveraine, manifestée par tel ou tel devoir à remplir. Vous les aurez ainsi aidés à *vouloir*.

1. Abbé Eug. Sicard. *Les deux maîtres de l'enfance.* 1re partie : Éducation de la volonté.

Donnez-vous donc avec amour et avec soin à ce si important ministère; et ne négligez rien de ce qui peut fortifier ces jeunes volontés, et former des hommes pour l'avenir.

Au zèle que vous déploierez pour rappeler à la jeunesse l'idée si salutaire de Dieu, raison et fin suprême de tous nos actes, unissez le zèle à seconder auprès d'elle l'action invisible de Dieu.

Appropriez-vous ces paroles que le Seigneur adressait jadis à Isaïe : « *Ne timeas quia ego tecum sum.* » Ces paroles, adressez-les sans cesse, d'esprit et de cœur, et, au besoin, de bouche, à ces enfants que le devoir effraie, que la vertu intimide, que la lutte épouvante.

Quia ego tecum sum. Oui, soyez avec eux, pour les rassurer, pour encourager leurs efforts, pour diriger leurs pas, pour applaudir à leurs succès, pour les soutenir dans la lutte et les entraîner à la victoire, pour leur tendre une main secourable et les relever dans leurs défaillances; pour les aider enfin à vouloir, à vouloir fermement, à vouloir persévéramment.

VII. — PRÉPARER DES HOMMES POUR L'AVENIR

Pretiosior erit vir auro, et homo mundo obrizo[1]. (Is., XIII, 11.)

L'or fut toujours apprécié par l'homme. Mais l'homme, au témoignage de l'Esprit-Saint, est incomparablement plus précieux que l'or. Il s'agit, évidemment, non de

1. L'homme est plus précieux que l'or le plus pur.— Ce texte est tiré d'un passage d'Isaïe dans lequel le prophète annonce la ruine de Babylone par les Mèdes et les Perses. Le sens littéral du texte cité est ainsi traduit par les interprètes : « Les habitants de Babylone seront massacrés par les Chaldéens. Aussi les hommes survivant au massacre y seront aussi rares que l'or le plus pur. » Selon d'autres interprètes, ce verset signifierait que les guerriers mèdes n'épargneront pas les hommes, même si on leur offre comme rançon l'or le plus pur, parce qu'ils estimeront la valeur de l'homme supérieure à celle de l'or. (V. *Cornel. a Lap.*, Comment. in loc. cit.

l'homme quelconque, mais de l'homme vraiment digne de ce nom, de celui que nos saints Livres désignent habituellement sous le nom de *vir*, et en qui réside la force morale, la vertu.

Mais, de même que l'or est un métal rare, l'homme véritable est rare aussi, encore plus rare. L'Esprit-Saint signale cette pénurie dans un passage où le même prophète fait un tableau saisissant des calamités du peuple d'Israël. « Le Seigneur, dit-il, a regardé, et il a vu qu'il n'y avait point d'homme, et il en a été consterné. *Et vidit Dominus, et malum apparuit in oculis ejus... Et vidit quia non est vir : et aporiatus est...* »[1]

Non est vir ! N'est-ce point là aussi le mal spécial dont souffre la société actuelle? Les hommes font défaut! Ils font défaut au point de vue matériel et numérique[2] ; mais ils font surtout défaut au point de vue moral. *Viri :* entendez par là les hommes de conviction, les hommes de caractère, les hommes de cœur, les hommes de volonté, les hommes de devoir, les hommes de lutte, les hommes de dévouement, les hommes de vertu : *Non est vir !*

L'éducation familiale, par son caractère efféminé, amollissant ; les mœurs nationales, par leur caractère

1. Is., LIX, 15, 16.

2. Ces lignes ont été écrites au presbytère de Dreux où m'avait appelé, en mai dernier, mon ministère apostolique. Je tiens le trait suivant de la bouche même de l'aimable et pieux curé de cette ville, M. le chanoine Leroy. C'était en 1870 : les Prussiens occupaient Dreux et une partie considérable du département d'Eure-et-Loir, en attendant qu'ils eussent investi Paris. Un officier de l'armée ennemie, adressant un jour la parole à M. Leroy, qui n'était alors que vicaire de la paroisse Saint-Pierre, lui dit : « Pasteur, vous êtes triste. Est-ce parce que nous sommes victorieux? — Sans doute, répondit l'abbé : mais la victoire ne sera pas, je l'espère, sans retour vers nos drapeaux. — Non, pasteur, vous n'aurez pas la victoire. Comment pourrions-nous être vaincus, n'ayant contre nous *que des armées de fils uniques?* » Le trait était sanglant ; mais n'était-il pas quelque peu mérité?

dépravé, ont anémié le tempérament social. Il y a des hommes encore, mais des hommes de plaisir, d'intérêt d'ambition ; des hommes paralysés par l'égoïsme ou la sensualité, incapables d'un effort généreux, incapables du moindre sacrifice en vue d'autre chose que des intérêts périssables du temps. Jouir : telle est la maxime, telle est l'aspiration à peu près universelle. Et, dans cette recherche avide, fiévreuse, incessante des jouissances terrestres, l'activité humaine s'épuise et perd toute énergie pour s'appliquer à l'acquisition des biens qui ne passent pas.

Au lieu de monter, l'homme baisse, car à mesure que les grandeurs et les richesses matérielles paraissent l'élever, son cœur trop souvent « s'agglutine » à ces biens éphémères et se laisse entraîner aux plus graves abus, aux plus honteux excès.

Non est vir! Et l'erreur s'insinue, se propage, est enseignée publiquement ; et la justice est méconnue, foulée aux pieds[1] ; et l'immoralité étend ses ravages ; et les individus s'amoindrissent, et les familles se désagrègent, et la société souffre, et les nations s'acheminent vers leur ruine : car ceux qui les dirigent ne sont pas, hélas ! « de la race des hommes qui sauvent Israël[2]. »

Et aporiatus est! Cette constatation est bien faite pour affliger, pour navrer un cœur qui a l'intelligence de la grandeur véritable et l'amour de sa patrie... Prêtres éducateurs, qui, plus que vous, doit ressentir cette affliction, cette douleur ? Mais qui, plus que vous aussi, doit prendre à tâche de remédier à cette pénurie d'hommes, en travaillant par l'éducation chrétienne, à faire des hommes ?

1. Et justitia longe stetit ; quia corruit in platea veritas, et æquitas non potuit ingredi. Et facta est veritas in oblivionem... Multiplicatæ sunt iniquitates. (Is., LIX, 12, 15.)

2. Ipsi autem non erant de semine virorum per quos salus facta est in Israel. (I Macch., V, 62.)

« Faire des hommes, a dit un illustre éducateur, c'est contribuer à la régénérescence, à la prospérité, à la grandeur et au bonheur des nations. Les nations ne s'élèvent, ne grandissent et ne se conservent, ne rajeunissent et ne se renouvellent que par des hommes. Quand voit-on les peuples s'affaiblir, déchoir de leur grandeur et se précipiter à leur ruine? sinon quand les hommes leur manquent.

« Or les hommes! sans doute, c'est Dieu qui les donne ; mais, Dieu le voulant ainsi, c'est l'éducation qui les fait.

« Des hommes ! sans doute encore, il y en a toujours : mais ce qui contribue à la grandeur, à la prospérité morale et intellectuelle d'un pays, ce ne sont pas les hommes tels quels : ce sont les hommes faits, les hommes achevés, les hommes élevés[1]. »

Or c'est à vous, prêtres éducateurs, qu'est échue cette mission glorieuse de travailler à la grandeur, à la prospérité morale et intellectuelle de votre pays, en lui donnant des hommes élevés par vos soins, selon les principes chrétiens, les seuls capables d'assurer cette grandeur et cette prospérité.

C'est donc à une œuvre éminemment sociale que vous travaillez. C'est donc aussi à une œuvre éminemment patriotique ; et, en vous y dévouant, non seulement vous méritez bien de Dieu et de l'Église, en vue de qui vous vous y dévouez, mais vous avez droit aussi à l'estime et à la reconnaissance de la patrie et de la société.

Appliquez-vous donc de tout cœur à cette œuvre. Ces enfants qu'on vous confie, avant que l'influence de décrépitude du doute et des passions n'ait altéré la fraîcheur printanière de leur âme ; ces enfants qui ont pourtant toutes les faiblesses et les lacunes de leur âge, et qui

1. Mgr Dupanloup, *De l'Éducation*, tome Ier, Introduction.

les manifestent dans leur langage, leurs goûts et leurs inclinations; travaillez à les débarrasser de ces faiblesses, à combler en eux ces lacunes, et à les conduire graduellement et progressivement à la maturité de l'homme fait. Vous aurez contribué, par là, à multiplier le nombre des hommes de cœur, des hommes de foi, des hommes de bien, en même temps que des hommes de savoir et, s'il plaît à Dieu, des hommes de génie.

TROISIÈME PARTIE

LES VERTUS DU PRÊTRE ÉDUCATEUR
LES CARACTÈRES DE SON AUTORITÉ[1]

I

AUTORITÉ SURNATURELLE

Ego de supernis sum[2]. (Joan., VIII, 23.)

Ainsi parlait Jésus aux Pharisiens de son temps. Par cette déclaration, il leur affirmait son origine divine et éternelle, comme Verbe, et leur faisait connaître la source à laquelle il puisait, comme homme, toutes ses inspirations : la source unique de tout bien, qui est Dieu[3].

Ainsi devez-vous dire vous-mêmes, éducateurs qui, en votre qualité de prêtres, avez à reproduire les traits de votre Maître et Modèle, Jésus. Cette qualité vous élève au-dessus du reste des hommes; elle fait de vous des êtres consacrés, des ministres de Dieu, des coadju-

1. Je dois prévenir ici mes lecteurs que je n'entends pas seulement par *autorité* l'exercice du commandement chez l'éducateur. Je donne à ce mot un sens beaucoup plus large et beaucoup plus étendu, et j'y vois l'ensemble des rapports qui existent entre le maître et l'élève. C'est, pour ainsi dire, comme une idée-mère autour de laquelle j'ai voulu grouper tous les enseignements de l'Esprit-Saint relatifs aux vertus du prêtre éducateur.

2. Je suis d'en haut.

3. Ego vero de supernis sum, quia, qua Deus, natus sum ex Patre cælesti; qua homo vero, ex Spiritu sancto, non ex Adam aliove patre terreno; quare cælestis mihi est indoles, cælestis amor, cælestia desideria, ad quæ vos terrestres et animales aspirare non potestis... (*Cornel. a Lap.*, Comment. loc. cit.)

teurs et des vicaires du Christ. Elle vous place dans un monde spécial, celui des réalités surnaturelles, célestes, divines. Elle vous fait, par suite, un devoir très exprès de conformer vos pensées, vos paroles, vos désirs, vos affections, vos actes, votre vie, tout votre être, à Celui dont vous êtes les ministres et dont vous devez être aussi les fidèles imitateurs.

Ego de supernis sum. Prêtres éducateurs, il faut que tout en vous soit élevé, surnaturel et céleste, et que, bien que vivant parmi les hommes, participant à leur nature déchue, vous soyez en communication habituelle, en relation constante avec les anges et les heureux habitants des cieux, pouvant dire en toute vérité ces paroles de l'Apôtre : « *Nostra autem conversatio in cælis est*[1]. »

Que votre conduite se ressente donc de cette élévation ordinaire de vos pensées et de vos sentiments intérieurs. Soyez surnaturels dans votre autorité, c'est-à-dire inspirez-vous des purs motifs de la foi, dans la seule vue de la gloire de Dieu et du bien des âmes sur lesquelles cette autorité s'exerce.

Soyez surnaturels dans le commandement ; commandez au nom de Dieu, dont vous êtes les délégués, ne voulant pas autre chose qu'interpréter, aussi exactement que possible, la volonté divine par vos divers commandements.

Dans ceux à qui vous commandez ne voyez que des élus de Dieu, des âmes que Dieu veut, par vous et avec vous, sanctifier, sauver, rendre éternellement heureuses.

Soyez surnaturels dans votre enseignement ; dans cet enseignement ne voyez qu'un moyen d'aller de l'esprit au cœur et du cœur à l'âme, du naturel au surnaturel, des choses du temps aux choses de l'éternité, de la science à la foi, de la distinction de l'esprit à la noblesse de la vertu.

1. Pour nous, notre vie est dans les cieux. (Philip., III, 20.)

Soyez surnaturels dans vos rapports avec la jeunesse écolière, dans l'affection que vous avez pour elle et les légitimes témoignages que vous pouvez lui en donner. Voyez surtout en ces enfants des âmes ; aimez-les comme on doit aimer les âmes, c'est-à-dire en Dieu. Si votre affection s'inspire de ce principe, elle saura éviter les démonstrations d'une sensiblerie trop humaine qui énerve et amollit.

Soyez surnaturels dans le travail de l'éducation. Voyez-y surtout la formation morale, religieuse et chrétienne de l'âme, l'orientation de la jeunesse élevée par vous vers le but suprême de la vie, qui est Dieu, Dieu servi dans le temps et possédé dans l'éternité. Voyez-y un ministère auguste, sacré, un apostolat éminent, digne de toute votre estime et de tout votre zèle.

Immense est la différence entre un prêtre qui envisage de cette sorte son rôle d'éducateur et celui qui n'y voit qu'une fonction aride, ingrate, sans consolations humaines, ou qui n'en considère que le côté professionnel, qui n'y voit qu'un emploi semblable à un autre, faisant du prêtre un simple fonctionnaire, un professeur chargé d'enseigner les éléments de la science humaine à des écoliers !

Dieu vous préserve d'une appréciation aussi vulgaire et aussi basse ! Eh quoi ! vous êtes prêtres ; vous avez reçu, avec la grâce de la dignité sacerdotale, la mission d'instruire, d'enseigner, de diriger, d'élever, de sanctifier et de sauver les âmes ; et vous ne voudriez voir en vous que de simples pédagogues ? Quoi encore ! on vous a refusé le ministère paroissial, ou bien on vous en a détachés pour vous confier le ministère de l'éducation de la jeunesse ; et vous croiriez faire assez en passant dix années, quinze années et plus dans ce ministère sans vous soucier d'autre chose que de faire, fût-ce très consciencieusement, votre classe ?

Mais alors mieux aurait valu vous placer à la tête d'un

troupeau spirituel — puisque tout prêtre est pasteur d'âmes, — ou vous maintenir à celui que vous avez quitté — là, du moins, vous eussiez fait œuvre sacerdotale ; — et laisser faire la classe à ceux qui font profession d'enseigner, à de simples laïques, aussi capables, peut-être même plus capables que vous, de faire des bacheliers et des licenciés...

Ego de supernis sum. Voilà ce que vous devez vous dire et vous répéter sans cesse, prêtres éducateurs, afin de ne jamais perdre de vue le caractère surnaturel du ministère qui vous a été confié et du but que vous devez atteindre.

Ego de supernis sum. Oui, soyez d'en haut. Que l'on voie, que l'on sente en vous des « hommes de Dieu[1] », saintement préoccupés d'agir au nom de Dieu et de conduire les âmes à Dieu ; n'ayant qu'une ambition, celle du Sauveur Jésus dont vous êtes les continuateurs et les ministres : tout attirer, tout ramener en haut[2] ; d'abord, dans les hauteurs sereines de la foi et de la vertu, et, finalement, dans la pure et lumineuse région de la gloire éternelle « où siège le Christ, à la droite de Dieu[3]. »

1. Timoth., vi, 11.
2. Et ego si exaltatus fuero a terra, omnia traham ad meipsum. (Joan., xii, 32.)
3. Quæ sursum sunt... ubi Christus est in dextera Dei sedens. (Coloss., iii, 1.)

II

AUTORITÉ CONSCIENCIEUSE

> Rectorem te posuerunt?... Curam illorum habe, et sic conside, et omni cura tua explicita, recumbe[1]. (Eccli., XXXII, 1-2.)

Quiconque a entrepris ou reçu la direction d'une œuvre doit à cette œuvre ses soins, sa sollicitude, son dévouement. C'est là une obligation élémentaire qu'il est presque banal de rappeler.

Rectorem te posuerunt? Prêtres éducateurs, pourquoi la Providence divine et ses agents visibles, votre évêque, vos supérieurs hiérarchiques, vous ont-ils placés à la tête d'une maison d'éducation ou d'une classe? Pourquoi un certain nombre de familles vous ont-elles confié leurs enfants ?

Curam illorum habe. Dans ces mots se trouve la réponse à la question posée. Avoir soin de ces enfants; en faire les objets de votre constante sollicitude — le mot *cura*, en effet, veut dire *souci;* — être attentifs à leurs besoins, à la faiblesse de leur âge, aux justes exigences de leurs corps, — *cura* veut dire aussi *soin, soulagement;* — être appliqués à les instruire, à orner leur intelligence des connaissances qui les rendront capables d'occuper un rang honorable dans la société et de se montrer utiles à leur pays; être aussi appliqués à former leur caractère, à développer en eux l'amour du devoir,

1. On vous a établi chef? Ayez soin de ceux que vous dominez; après cela, asseyez-vous et, tout votre office exercé, reposez-vous. — L'auteur sacré, dans ce passage de nos saints livres, fait allusion à la coutume, très ancienne parmi les Grecs, en vertu de laquelle les convives des festins établissaient un chef ou roi (*rector*) qui avait soin de tout ce qui concernait le repas. — Nous ne croyons pas déplacée l'application par nous de ce passage à l'éducation. L'éducation n'est-elle pas, en définitive, l'alimentation, l'entretien et le perfectionnement progressif de toutes les facultés de l'enfant?

la droiture, la loyauté, la générosité, l'esprit de dévouement, en un mot, toutes les qualités qui font les hommes de forte trempe, les vrais citoyens; être surtout dévoués aux intérêts sacrés de leurs âmes; les former aux habitudes chrétiennes, à la pratique des vertus surnaturelles, de telle sorte qu'après une adolescence pure et pieuse, ils continuent à servir Dieu sans peur et sans reproche, et travaillent avec zèle et vaillance à la défense de ses droits et à l'extension de son règne dans le monde : tel est l'office du *recteur,* du directeur, de quiconque entre en participation de cette œuvre éminemment sainte et opportune qu'on nomme l'*Éducation chrétienne de la Jeunesse.*

Curam habe. Ce soin embrasse donc tout l'être de l'enfant, du jeune homme : son corps, son intelligence, son cœur, sa volonté, son âme tout entière. Et pour être intégral, parfait, tel que Dieu l'attend de vous, votre dévouement ne doit rien négliger de ce qui peut faire de l'enfant, du jeune homme, un homme et un chrétien.

Rectorem te posuerunt? O vous qui, en qualité de supérieurs, avez la première autorité dans une maison d'éducation, sachez bien que ce n'est pas pour dominer du haut de cette autorité ceux qui vous sont soumis hiérarchiquement, ni pour abandonner à des maîtres subalternes le soin de ces enfants dont vous êtes les *recteurs.* Précisément parce que vous êtes leurs *recteurs,* vous avez le devoir de les conduire, de les gouverner, de prendre soin d'eux, de leur être dévoués, tout les premiers, à raison de la responsabilité que vous avez de chacune de ces âmes[1]. Il

1. Ce n'est pas assez que le supérieur soit homme de conseil; il faut qu'il soit aussi homme d'action ; il ne suffit pas qu'il indique à chacun, dans des règlements bien faits, les fonctions que chacun doit remplir et, dans des conférences suivies, les moyens de s'acquitter de ces fonctions. Il faut encore qu'il surveille l'exécution des règlements et la manière dont chacun les pratique. Il faut qu'il perfectionne ce qui est bien, empêche ou redresse ce qui est mal, corrige ce qui laisse à désirer, ajoute ce qui manque et prévienne enfin tout oubli, toute négligence, tout abus. En un mot, il faut qu'il soit ce qu'on appelle *un*

s'agit donc d'un devoir personnel de conscience, dont la négligence serait une faute d'une particulière gravité. Non seulement, par cette négligence, on trahirait un devoir sacré, on méconnaîtrait une dette de justice vis-à-vis de Dieu et des familles; non seulement on ne se mettrait pas en souci de faire du bien, mais on ferait encore beaucoup de mal; tout au moins laisserait-on le mal se produire et s'étendre. On serait, le sachant ou à son insu, la cause des plus graves désordres.

Il faut, de toute nécessité, admettre ce principe, y croire, s'en bien pénétrer, en faire la règle pratique de sa conduite. *Rectorem te posuerunt? Curam illorum habe.*

A cette condition et moyennant cette sollicitude universelle, ces soins, ce dévouement personnels et constants, on peut s'asseoir, se reposer, avoir confiance, compter sur le succès, sur la bénédiction du ciel. *Et sic conside, et omni cura tua explicita, recumbe.*

Dès lors, en effet, qu'on s'occupe, qu'on se préoccupe du corps et de l'âme de ces enfants, qu'on en a cure, *curam illorum habe*, on les connaît, on sait leurs besoins, on prévoit leurs dangers et, par conséquent, on est plus à même de pourvoir aux uns et d'écarter les autres. Dès lors aussi, on peut sans crainte abandonner à Dieu le soin de compléter l'œuvre commencée, de suppléer à l'insuffisance des efforts de l'homme par sa grâce qui féconde et perfectionne tout ce qu'elle touche.

Quelle sécurité pour l'âme, pour la conscience d'un supérieur, d'un directeur, que celle qui résulte de ce témoignage : j'ai accompli mon devoir[1], j'ai fait mon possible; Dieu fera le reste.

homme d'action, et dans sa maison, *l'homme d'action par excellence.*

Le supérieur, en effet, a la charge de tout, la responsabilité de tout... Il ne faut pas seulement qu'il pense à tout, prévoie tout, soutienne tout, gouverne tout, il faut, au besoin, qu'il puisse faire tout. (Mgr Dupanloup, *De l'Éducation*. Tome III. Livre Ier ch. viii.)

1. Opus consummavi, quod dedisti mihi ut faciam. (Joan., xvii, 4.)

Puissiez-vous, au soir de chacune de vos journées, vous rendre ce témoignage, prêtres éducateurs, vous que le Seigneur a faits *recteurs* de la jeunesse.

Curam illorum habe. Veillez sur ces âmes si précieuses aux yeux de Dieu. Protégez-les, défendez-les, dirigez-les, soutenez-les. Ayez pitié de leur faiblesse. Relevez-les, lorsqu'elles tombent; guérissez-les, lorsqu'elles souffrent; nourrissez-les de la doctrine de vérité et du Pain de vie. Soyez enfin leur Providence visible.

C'est pour cela que vous êtes leurs chefs, leurs guides et leurs pères. *Rectorem te posuerunt? Curam illorum habe.*

III

AUTORITÉ INTELLIGENTE

I. — L'ÉTUDE DU CARACTÈRE

> Ex studiis suis intelligitur puer, si munda et recta sint opera ejus[1]. (Prov., xx, 11.)

Une condition absolument indispensable pour bien conduire et former la jeunesse, c'est de la connaître.

Or, les goûts de l'enfant, ses inclinations, ses tendances, ses préférences, manifestent sa conduite et aident à connaître ses œuvres et, par elles, sa nature et le fond de son être. L'Esprit-Saint le déclare; l'expérience, l'observation le confirment.

Donc il y a là, pour connaître l'enfant, un *criterium* qu'un prêtre éducateur, un directeur de jeunesse ne doit pas négliger.

Car l'enfant est, quelquefois et par certains côtés, si caché, si dissimulé, si faux; parfois aussi il est, sans en avoir conscience, si bizarre, si énigmatique, si contra-

1. Par ses inclinations on connait l'enfant; on voit si ses œuvres sont pures et droites.

dictoire, que sa vraie conduite, non celle du dehors qui se voit, mais celle du dedans, qui est proprement la vie morale, n'est point connue et demeure un mystère pour ceux qui ont à la diriger.

Que faire? Comment arriver à le connaître suffisamment? Comment sonder cet abîme qu'on nomme le cœur : *abyssum est cor*[1], ce cœur fût-il un cœur d'enfant? Comment pénétrer ce fond que l'Écriture appelle inscrutable : *cor inscrutabile*[2]? En observant et en étudiant les tendances de l'enfant, ses préférences habituelles, ses goûts dominants : *studiis suis.* Cette observation, cette étude aident à connaître le caractère de l'enfant, et, par suite, le fond de son âme : *ex studiis suis intelligitur puer;* elles font comprendre si ses œuvres sont droites et pures, exemptes de toute malice : *si munda et recta sint opera ejus.*

Comment expliquer que de simples tendances fassent ainsi connaître les œuvres, la vie morale elle-même?

Par l'influence nécessaire, inévitable que les premières exercent sur les secondes, qui en sont les fruits, les résultats naturels.

Sans doute, la tendance n'implique pas rigoureusement l'acte, et il y aurait, pour le moins, témérité à conclure de l'existence d'une tendance vertueuse ou vicieuse à l'existence du vice ou de la vertu, des actes vicieux ou des actes vertueux.

Mais il est incontestable que la *tendance* implique la *puissance*, l'inclination, une certaine disposition sympathique à l'égard de l'acte, et qu'il existe entre l'une et l'autre une certaine connexion logique et physiologique. Elle est donc une indication, d'autant plus précieuse que la tendance est plus prononcée, plus manifeste, et qu'elle constitue comme la physionomie morale de celui en qui elle existe.

1. Eccl., XLII, 18.
2. Jerem., XVII, 19.

Elle accuse évidemment une passion plus ou moins vivace et dangereuse, dont les effets se font, tôt ou tard, remarquer dans la conduite et les actes ordinaires de la vie.

Si, en général, on connaît si peu les enfants; si, en dehors des rapports *sacramentels* et de la connaissance acquise à leur sujet par la confession, on ne sait rien ou peu de chose sur leur vie morale, c'est parce qu'on ne se donne pas la peine de les étudier, d'observer, d'analyser leurs tendances, leurs inclinations bonnes ou mauvaises; c'est qu'on se borne à ne considérer exclusivement que leur conduite extérieure sans la rapprocher de ces inclinations, de ces tendances connues.

Comment, dès lors, remplir comme il convient ce mandat sacré, si grave et si important, d'élever la jeunesse, de la former, de la diriger dans la voie du bien et de la vertu? Comment surtout aimer le ministère d'éducateur, comment s'y dévouer, si l'on ne connaît pas ceux qu'on doit élever, si l'on prend vis-à-vis d'eux l'attitude d'étrangers ou d'indifférents?

Mais pour connaître les tendances de l'enfant et, par suite, pour connaître sa valeur morale; pour le diriger et le former, pour faire, en un mot, œuvre complète d'éducation, il faut étudier, analyser, scruter l'enfant; il faut le suivre, l'épier à son insu dans ses moindres mouvements. Rien n'est insignifiant dans l'extérieur de l'enfant, car, pour l'ordinaire, c'est par là qu'il se révèle, se trahit, en manifestant, sans même en avoir conscience, ses goûts, ses répugnances, ses dispositions intérieures, les diverses passions qui s'agitent en lui. A certaines heures, cette manifestation est plus sensible. Dans la vie écolière surtout, l'enfant est plus facile à étudier et à connaître, car cette vie le met fréquemment, pour ne pas dire continuellement, dans l'occasion de montrer ce qu'il est, en lui fournissant celle de conformer ou d'opposer ses goûts, ses tendances aux diverses obligations dont se compose cette vie.

Il faut, pour cette étude, non seulement de l'attention et de la vigilance, mais encore de l'intelligence, de la perspicacité, du discernement. C'est une véritable étude, une étude *du dedans*, — car intelligence dérive de *intus legere*,— procédant de l'observation *du dehors;* une étude suivie, laborieuse, minutieuse.

Dans chaque enfant se trouve un groupement de tendances, de goûts, de passions qui ne se retrouvent pas dans un autre. Deviner ces tendances, ces goûts, ces passions, c'est là une étude éminemment utile à celui qui s'y livre et au sujet sur lequel on s'y livre, l'un et l'autre ayant à bénéficier de la connaissance plus exacte et plus complète qui résulte de cette étude, l'un pour diriger, l'autre pour recevoir une meilleure direction.

Prêtres éducateurs, ne négligez donc pas cette étude, puisqu'elle est d'une si haute importance et que, en vous faisant mieux connaître ceux que vous avez à élever, elle vous mettra mieux à même de les bien élever. Grâce à votre perspicacité aidée de votre zèle, bien des mauvais germes pourront disparaître de leurs jeunes cœurs, tandis que bien des dispositions vertueuses s'y pourront développer. Qui ne sait que l'art de l'éducateur consiste principalement à découvrir et à mettre en valeur toutes les ressources qu'offre pour le bien la nature de l'enfant? Semblables aux chercheurs d'or qui, pour l'étude des terrains, devinent à certains signes l'existence des filons de ce précieux métal et le mettent en lumière, après avoir creusé le sol où ces filons se cachent[1]; ainsi maîtres chrétiens, éducateurs de la jeunesse, devez-vous étudier avec intelligence ces terrains

1. Segullum est terræ genus in summo solo, ex quo metallarii cognoscunt subesse venam auri. Quare, visis his signis, perfodiunt terram, et latens aurum eruunt. Sic pariter pueri in pueritia, dant signa et specimina futuræ probitatis, quæ viri sagaces vestigant et quasi perfodiunt. (*Cornel. a Lapid.*, Comment. in Prov. Salom., xx, 11.)

vraiment *aurifères* qu'on nomme les âmes d'enfants et de jeunes gens, afin d'en extraire et d'en exploiter, pour leur bien personnel et pour celui de la société, les précieuses ressources que Dieu a déposées en elles.

II. — LE DISCERNEMENT DE LA VOCATION

Quis putas iste puer erit? (Luc., I, 66.)

Telle fut la question que se posèrent entre eux les parents de saint Jean-Baptiste et les témoins de sa merveilleuse naissance.

La même question doit vous préoccuper, prêtres éducateurs; chacun des enfants dont l'éducation vous est confiée doit la susciter en votre esprit, et votre soin le plus actif doit être de trouver à cette question une réponse.

Le Seigneur a, pour ainsi dire, mis entre vos mains les destinées de ces enfants. Tout leur avenir temporel et éternel dépend de la voie dans laquelle ils auront marché, de la vocation qu'ils auront suivie.

Mais cette vocation il n'est pas toujours en leur pouvoir de la discerner. Pour leur intelligence à peine éveillée sur les choses de la vie, c'est là un problème dont la solution leur échappe. Chez un grand nombre la légèreté de l'âge est un obstacle à la recherche attentive de cette solution.

A vous, prêtres éducateurs de la jeunesse, de suppléer à cette impuissance ou à cette insouciance; à vous de résoudre ce grave et décisif problème; à vous de connaître et d'indiquer à chacun de ces enfants la voie particulière dans laquelle il devra marcher et se maintenir.

C'est surtout pour la recherche de cette voie que le prêtre éducateur, le directeur spirituel devra faire preuve d'intelligence, c'est-à-dire de pénétration, de sagacité, de discernement judicieux. C'est surtout en vue de cette découverte importante, qu'il devra étudier attentivement chaque enfant commis à ses soins, analyser son tempérament, ses goûts, ses tendances; se rendre un compte exact de son caractère, de ses aptitudes, de ses qualités, de ses défauts, de ses passions; scruter enfin son âme afin d'en bien saisir toutes les secrètes aspirations.

Hélas! que de vocations se perdent parce qu'elles n'ont pas été suffisamment connues de ceux qui auraient dû les suivre! Dès lors, que de ressources stérilisées pour n'avoir pas été appliquées, mises en valeur; que d'existences manquées, faute d'orientation vers un but précis, vers le but voulu de Dieu!

C'est donc un insigne service que vous rendez aux jeunes âmes confiées à votre sollicitude, prêtres du Seigneur, que de les guider dans la recherche de leur destinée particulière et de les aider à connaître les desseins de Dieu sur elles.

Ce service, vous le devez à ces âmes dont vous êtes les conseillers attitrés, les directeurs d'office. N'oubliez pas qu'*éducateur* veut dire *conducteur*. C'est donc un devoir pour vous de conduire ces âmes et de leur montrer le but qu'elles doivent atteindre, non seulement au delà de ce monde, mais aussi dans le monde passager où elles vivent.

Vous désintéresser entièrement d'une aussi capitale question, alors même que vous n'auriez pas la direction spirituelle de ces âmes, serait négliger l'un de vos plus importants devoirs. Vouloir vous borner à ne former que des écoliers, voire des chrétiens quelconques, sans vous préoccuper de la place que ces chrétiens devront occuper, du rôle qu'ils devront remplir dans le monde des âmes, serait n'accomplir qu'imparfaitement votre mission de prêtres éducateurs.

Quis putas iste puer erit? Pour vous, prêtres éducateurs, la question se pose ainsi : « Cet enfant est-il appelé à vivre dans le monde, ou bien est-il appelé au service des autels ? » Voilà le point précis sur lequel devront se porter toutes vos investigations.

N'épuisez-pas vos efforts à rechercher si l'enfant confié à vos soins sera plus tard soldat, magistrat, industriel, commerçant ; ou bien prêtre séculier, religieux, soit enseignant, soit contemplatif. Vous éparpilleriez vos forces et vous sortiriez de votre rôle. Toute la question consiste à savoir si c'est au monde ou à Dieu que devra plus tard appartenir cet enfant.

Remarquez bien qu'il vous est absolument interdit de vous désintéresser de cette question. Vous êtes prêtres ; par conséquent, tout ce qui touche le service de Dieu, le bien des âmes, le triomphe de l'Église, l'extension de la vérité, doit tenir une place considérable, prépondérante même, dans vos pensées et dans vos affections. Vous devez donc avoir à cœur de procurer à Dieu et à son Église des ministres fidèles, dévoués, des prêtres qui travailleront à promouvoir le règne du bien et qui seront les défenseurs du Christ et de sa doctrine.

Et si parfois vous étiez tentés de vous dire : si Dieu appelle à lui un de ces enfants, il saura bien le montrer d'une manière assez nette et assez manifeste pour que toute équivoque soit impossible et que l'enfant embrasse la vocation où la Providence le veut ; — ô chers prêtres coopérateurs, ce serait là une dangereuse illusion. Les voies de Dieu sont variées comme les âmes elles-mêmes, pour arriver aux fins qu'il se propose. L'appel divin n'est pas toujours impérieux et vibrant comme celui qu'entendit Saul terrassé sur le chemin de Damas; souvent il est mystérieux comme celui qu'entendit Samuel, caché, pour ainsi dire, dans les profondeurs de l'être.

C'est aux prêtres, aux éducateurs qu'il appartient de discerner cet appel ou, pour employer une expression imagée, de découvrir ce germe latent;[1] et, après l'avoir découvert, de le soigner, de l'arroser, de le féconder, pour qu'il grandisse, se développe et parvienne à sa pleine maturité.

Par ailleurs, il est rare que Dieu agisse complètement par lui-même, dans le gouvernement des âmes. Partout et toujours, il associe les causes secondes à son œuvre divine. Entre les fidèles et lui il a placé l'Église comme médiatrice par excellence, chargée de le représenter sur la terre et de conduire les âmes à lui. De même, entre l'enfant et lui, Dieu vous a placés, vous, prêtres éducateurs; et s'il vous a associés à l'œuvre du développement intellectuel et moral de l'individu, il vous a aussi associés, n'en doutez pas, à l'œuvre mystérieuse de sa vocation.

Bien plus souvent qu'on ne croit, la vocation est entre les mains des maîtres, des parents, que Dieu a donnés à l'enfant. Et si tant de vocations se perdent, si tant de germes déposés par la main divine dans les profondeurs d'une âme d'enfant n'ont pu se développer et mûrir, c'est parce qu'ils n'ont trouvé ni chez les parents, ni chez les maîtres chargés de leur culture, les soins judicieux, intelligents et dévoués qu'ils auraient dû recevoir.

Je dis : judicieux et intelligents, car s'il faut déployer du zèle à susciter et à promouvoir les vocations au service de Dieu, encore faut-il que ce zèle soit discret, prudent, modéré, laissant à celui envers lequel il s'exerce toute la liberté de son choix et de sa détermination. Il est aisé de comprendre tout ce qu'il y aurait d'imprudence à vouloir, par un zèle excessif et intempestif, diriger l'enfant quand même vers un état de vie, si ses idées, ses goûts, ses tendances ne l'y portaient pas; et

1. « Avant toute chose, il convient de discerner parmi les jeunes enfants, ceux en qui le Très Haut a déposé le *germe* d'une semblable vocation. » (Lettre encyclique de S. S. Léon XIII aux archevêques, évêques et au clergé de France, 8 sept. 1899.)

à le pousser dans une voie qui ne serait point celle où le Seigneur l'appelle...

Prêtres éducateurs, exercez donc votre intelligence à cette investigation si importante. C'est là une œuvre bien digne de la sollicitude de votre zèle.

Quelle gloire pour vous, lorsque vous aurez vieilli dans le ministère de l'éducation, de voir ce ministère continué par des prêtres plus jeunes qui vous devront le bienfait de la vocation et la gloire de leur sacerdoce !

Quand vous paraîtrez devant le tribunal de Dieu, vous serez riches, non seulement de vos propres mérites et des âmes que vous aurez sauvées, mais encore de toutes les conquêtes apostoliques réalisées par ceux dont vous aurez assuré sur la terre la vocation sacerdotale ou religieuse.

IV

AUTORITÉ VIGILANTE ET PRUDENTE

Tu vero vigila[1]. (II Timoth., IV, 5.)

Lorsque l'Apôtre adressait cette recommandation à son disciple Timothée, diverses sectes hérétiques, nées parmi les premiers chrétiens, s'efforçaient, par des moyens habiles, de détacher les fidèles de la doctrine et de la morale évangéliques, de les amener à partager leurs erreurs et leur dépravation. Justement alarmé du danger que couraient les chrétiens, saint Paul exhortait donc Timothée, leur évêque, à conjurer ce danger, et lui recommandait spécialement la vigilance, comme un moyen indispensable pour découvrir, combattre et faire disparaître le double mal de l'incrédulité et de l'immoralité[2].

1. Quant à vous, veillez.

2. Dat causam Apostolus... quia scilicet multi homines voluptarii et libertini similes sibi magistros, puta hæreticos, quærent, qui hominum curiositati et cupiditatibus indulgentes, eos a bona fide et severitate

Toute maison d'éducation est exposée au danger signalé par l'Apôtre, ou, du moins, à un danger qu'un écrivain de nos jours[1] n'a pas craint de dénoncer comme le plus à redouter dans les collèges : c'est le danger du mauvais esprit.

« Le mauvais esprit, dit-il, est l'ennemi le plus redoutable de l'éducation... Bien qu'il ait un nom propre et qu'on puisse le définir, il est multiple, et, comme ce démon dont parle l'Évangile, il s'appelle légion ; il rassemble et résume en lui tous les plus graves défauts des enfants, tous les obstacles les plus sérieux à l'œuvre de l'éducation. »

« Le mauvais esprit, dit-il encore, c'est la perversion du cœur et, par le cœur, la perversion de l'esprit et du caractère. »

Il est aisé d'entrevoir l'influence funeste, désastreuse qu'un tel esprit est capable d'exercer dans une maison d'éducation, s'il parvient à s'y introduire, et les ruines spirituelles qu'il peut accumuler, s'il n'est point arrêté dans son action néfaste.

Aussi un éducateur, véritablement soucieux du bien de la jeunesse, doit-il avoir constamment à l'esprit la recommandation de l'Apôtre : « *Tu vero, vigila.* »

Oui, il faut veiller, avoir l'œil ouvert et l'esprit attentif ; il faut veiller et se tenir en observation, comme la sentinelle préposée à la garde de la cité ; il faut veiller, afin de déjouer toute manifestation, toute entreprise du mauvais esprit. Malheur à celui qui dort ou qui seulement sommeille ! Pendant ce temps, l'homme ennemi sème l'ivraie dans le champ des âmes ; le voleur et le

vitæ christianæ, ad suos errores et vitæ morumque licentiam abducent... Hinc Episcopo Timotheo acrem hic contra eos indicit vigilantiam, ut quasi Argus centum oculis eos observet, et quasi lupos a suo grege avertat. (*Cornel a Lap.*, Comment. in loc. cit.)

1. Mgr Dupanloup. Cf. *De l'Éducation*. Tome III, liv. III, ch. xii, p. 482 et suiv.

malfaiteur pénètrent dans la maison pour la saccager; le loup entre dans la bergerie et en emporte les brebis.

Hélas! n'est-ce pas, trop souvent, par défaut de vigilance de la part des maîtres, que certains désordres, certains scandales se produisent dans les maisons d'éducation. Le mal est trop grave, trop manifeste pour qu'on ne le réprime point par quelque sanction sévère, quelque mesure extrême. Mais ce mal n'eût pas eu lieu, cette sanction n'eût pas été nécessaire, si l'on avait veillé, si l'on avait mieux surveillé... Et qui pourrait dire le mal secret commis par des écoliers qui savaient n'être pas surveillés, et pour lesquels le défaut de surveillance a été une occasion et une facilité pour commettre ce mal !..

Jamais on ne doit s'abandonner à une confiance entière et croire en sûreté les âmes dont on a la garde. Toujours, au contraire, il faut craindre, non de la crainte qu'inspire la défiance, mais de celle qu'inspire la prudence. Par conséquent, il faut toujours veiller et surveiller, sans toutefois donner à cette surveillance un caractère odieux. Il est bon que l'écolier se sache surveillé; mais il lui serait funeste de l'être à la façon des gens suspects. Facilement il deviendrait dissimulé, hypocrite, uniquement préoccupé de sauvegarder les apparences.

Tu vero, vigila : veillez donc, veillez sur tous : sur les mauvais ou, du moins sur ceux dont les allures vous sont suspectes, et chez lesquels la régularité, le travail, la piété, les manières, le langage laissent à désirer. Veillez afin de les empêcher d'exercer autour d'eux une action néfaste. Veillez, afin surtout de les retrancher du troupeau, dès que vous aurez acquis la certitude qu'ils y sont ou peuvent y devenir des brebis galeuses.

Veillez aussi sur les bons, afin de les prémunir, de les avertir, de les aider à se garantir de toute atteinte malfaisante; afin de les remettre dans la bonne voie s'ils viennent à s'en écarter tant soit peu.

Veillez surtout sur les petits, les « agnelets du troupeau », afin de les garder dans la candeur de leur simplicité et la fraîcheur de leur innocence; afin de combattre en eux les premières manifestations du mal et d'empêcher les progrès du vice.

Ah! songez que ces petits, Dieu vous les a confiés comme des vases immaculés; que leurs mères chrétiennes vous les ont confiés comme des trésors sacrés dont elles vous ont constitués les dépositaires. Veillez donc sur ces vases, afin qu'aucune souillure, qu'aucune poussière ne les ternisse; veillez sur ces trésors sacrés afin qu'aucune main sacrilège ne les ravisse...

Veillez enfin pour écarter le mal, pour l'arracher, l'anéantir; veillez pour implanter le bien, l'enraciner et le faire fructifier. En agissant de la sorte, prêtres éducateurs, vous aurez imité le Seigneur sur les lèvres de qui le prophète Jérémie met ces paroles : « *Et sicut vigilavi super eos, ut evellerem, et demolirer, et dissiparem, et disperderem, et affligerem; sic evigilabo super eos ut ædificem, et plantem, ait Dominus*[1]. »

RÉPÉTITION DU SUJET PRÉCÉDENT

Interrogate diligenter de puero[2].
(Matth., II, 8.)

La direction des enfants, leur formation morale, est le plus délicat, le plus laborieux, le plus difficile des ministères.

C'est, par conséquent, celui qui demande, en même temps qu'une grâce d'élection et de vocation de la part de Dieu, des dispositions, des aptitudes spéciales de la part de l'élu, une intelligence particulière de ce ministère, de sa grandeur, de son excellence, de ses dangers, de ses moyens d'exercice, une vigilance, une attention,

1. Et comme j'ai veillé sur eux, afin de les arracher, et de les détruire, et de les dissiper, et de les affliger, ainsi je veillerai sur eux afin de les édifier et de les planter. (Jerem., XXXI, 28.)

2. Informez-vous exactement de l'enfant.

surtout une prudence continuelles dans les rapports incessants qu'un éducateur est obligé d'avoir avec ceux qu'il élève.

Cette prudence, l'éducateur peut l'acquérir de diverses manières, résumées dans le texte évangélique placé en tête de ce paragraphe : *Interrogate diligenter de puero.*

Ces paroles, dites de l'Enfant-Dieu nouveau-né, peuvent s'appliquer à tout enfant quel qu'il soit, et être diversement interprétées.

1° *Interrogate diligenter de puero.* Interrogez, consultez ceux qui ont l'expérience du ministère de l'éducation, qui ont vécu au milieu de la jeunesse, qui l'ont observée de près, étudiée à fond, qui ont acquis, par cette observation, cette étude, l'art si difficile de conduire et d'élever cette portion si intéressante mais, en même temps, par certains côtés, si ingrate de l'humanité. C'est faire acte de sagesse et de prudence que de ne pas se fier à ses idées et à ses inspirations personnelles, que de s'aider, en cette matière, des lumières et de l'expérience d'autrui.

2° *Interrogate... de puero.* Consultez les ouvrages qui traitent de l'éducation, de la formation des enfants. Dans ces ouvrages se trouve réuni tout ce que l'expérience et la sagesse ont conçu ou inspiré de plus pratique relativement au gouvernement et à l'éducation de la jeunesse. S'inspirer de ces principes, de ces méthodes, c'est, assurément, se mettre dans les conditions les meilleures pour réussir dans ce ministère ou, tout au moins, pour le remplir convenablement; c'est se prémunir contre les excès auxquels peuvent entraîner un zèle trop impétueux, une raideur, une rigueur trop formalistes, ou bien, au contraire, une trop grande indulgence et un esprit trop tolérant.

3° *Interrogate... de puero.* Interrogez l'enfant lui-même : étudiez son tempérament, observez ses tendances, analysez ses sentiments, rendez-vous compte de ses actes. — Interrogez-le, questionnez-le, amenez-le à s'ouvrir, à se faire connaître, à manifester ses goûts particuliers, ses préférences, afin, le connaissant mieux, de le mieux diriger et de le mieux former. Quelle imprudence n'est-ce pas d'agir sans une connaissance suffisante de ces choses et de prétendre faire œuvre d'éducation sans avoir étudié, au préalable, le sujet sur lequel votre ministère doit s'exercer.

4° *Interrogate... de puero.* Interrogez-vous vous-mêmes, en faisant revivre vos souvenirs personnels, vos impressions d'enfance. Tous les enfants se ressemblent, en tous pays et en tout temps. Les mêmes mobiles qui nous ont fait agir lorsque nous étions enfants ou adolescents nous-mêmes, font agir les enfants et les adolescents d'aujourd'hui. Ce souvenir du passé est éminemment utile aux éducateurs pour apprécier la conduite de leurs élèves et pour inspirer leur propre conduite à l'égard de ces derniers. Que d'interprétations sévères de leurs actes, que de soupçons outrés et odieux, que de mesures injustes seront évités par cette évocation du passé et ce regard rétrospectif sur nos sentiments personnels et notre propre conduite d'autrefois ! Par suite, que de murmures, de mécontentements, de révoltes intérieures ou extérieures, de haine sourde et de rancune persistante seront épargnés à l'élève !

Interrogate! Ce mot renferme donc l'idée d'un grand devoir, celui de la vigilance intelligente, perspicace et attentive ; celui de la prudence habile, active et constante. *Interrogate!* Educateurs, soyez prévoyants, clairvoyants, toujours appliqués à prévenir les dangers, les découragements, les écarts, les défaillances, à découvrir et à démasquer le mauvais esprit, à tenir le mal en échec, à l'empêcher de s'introduire ou de s'étendre. Que votre regard, toujours ouvert sur ces enfants dont les âmes doivent vous être si chères, scrute et pénètre le mystère des passions diverses qui s'agitent en elles. Que votre oreille ausculte, pour ainsi dire, les pulsations de ces cœurs si prompts à s'ouvrir au mal comme ils le sont à s'enflammer pour le bien.

Interrogate! C'est là le véritable exercice de l'autorité de l'éducateur-prêtre; la mise en pratique de cette vigilance continuellement attentive aux besoins de tous et de chacun; de cette prudence continuellement appliquée à écarter tout ce qui peut porter atteinte à cette vie morale d'où l'homme tire sa principale valeur et qui est la garantie la plus sûre de la fécondité de ses œuvres.

V

AUTORITÉ JUSTE ET ÉQUITABLE

Justitia firmatur solium[1]. (Prov., xxv, 5.)

L'Esprit-Saint nous enseigne que la justice affermit le pouvoir des rois. On peut en dire autant de la justice exercée dans l'éducation et le gouvernement de la jeunesse. Elle affermit l'autorité des maîtres et donne à leur personne une dignité particulière.

Prêtres éducateurs, par vos fonctions, vous êtes élevés à une sorte de magistrature qui fait de vous les dépositaires de la justice. Vous avez le droit et le devoir de louer et de reprendre, de récompenser et de punir, d'encourager le bien et de réprimer le mal.

Or, la justice, pour être bien exercée, exige qu'on ne se départe ni de la modération, ni de la gravité, ni de

1. Le pouvoir est affermi par la justice.

l'impartialité qui conviennent à un juge ayant conscience de l'importance de ses fonctions.

Cela est vrai de tout éducateur; mais combien plus encore est-ce vrai d'un éducateur revêtu du caractère sacerdotal! En lui, plus qu'en personne autre, la vertu de justice doit se confondre avec la vertu de religion dont tous ses actes doivent être imprégnés. Néanmoins, il est aisé, en cette matière, de dépasser la mesure, soit par excès d'indulgence, soit par excès de sévérité, et, par suite, de heurter le sentiment de la justice qui est plus développé qu'on ne le croit chez les écoliers.

D'où vient l'injustice dans l'exercice de l'autorité parmi les éducateurs? Par quoi est-elle produite?

L'une de ses principales sources est dans une certaine inclination à obéir aux mouvements heureux ou fâcheux de l'*humeur*. Selon que celle-ci est bien ou mal disposée, on sera indulgent ou sévère, sévère surtout, jusqu'à l'injustice. Pour peu que l'on s'accoutume à suivre les caprices d'une humeur mauvaise, on en vient à se rendre coupable, souvent même à son insu, des actes les plus contraires aux règles de la justice. Taquineries mesquines, vexations odieuses, soupçons, accusations, accompagnés de sanctions sévères, exorbitantes, qui dégénèrent parfois en véritable persécution. Ou bien, si l'on ne va pas si loin, antipathie malveillante, procédés humiliants, punitions qui n'ont aucune proportion avec la gravité du délit qu'on veut punir.

La victime ou les victimes de cette humeur méchante ne laissent pas que de protester, au moins intérieurement, de voir dans ces procédés violents une vengeance, une cruauté, une criante injustice... Prêtres! c'en est fait de votre dignité, de votre prestige, de votre autorité. Vous n'êtes plus des maîtres, mais des tyrans. Vous pouvez bien dominer matériellement, extérieurement; mais moralement, mais en fait, vous êtes déchus, et peut-être pour toujours, de l'estime de ceux que vous devriez diriger

et maintenir vous-mêmes dans les voies de la justice.

Prêtres éducateurs, partez de ce principe que dans ces écoliers, encore enfants pour la plupart, il y a des hommes en formation, les hommes de l'avenir. Or saint Augustin, voulant donner une idée exacte de l'homme, a dit ces remarquables paroles citées plus haut : « *Homines sunt voluntates,* les hommes sont des volontés. »

Mais ces volontés humaines, Dieu les a créées libres. Comme telles, elles doivent agir librement. Ce n'est qu'à cette condition que leurs actes ont une valeur morale réelle.

Opprimer ces volontés, les assujettir à une force dominatrice, les étouffer, en quelque sorte, dans la brutale étreinte d'une autorité inflexible, c'est faire acte d'injustice, c'est abuser d'un pouvoir qu'on n'a reçu que pour l'exercer au profit de ceux sur lesquels on l'exerce.

D'ailleurs, si la justice, si le pouvoir exercé justement est un principe de force qui consolide l'autorité, suivant l'oracle sacré, *justitia firmatur solium*, rien ne nuit plus à l'autorité et ne lui porte des coups plus funestes que l'injustice dans l'exercice du pouvoir. Le pouvoir cesse, en pareil cas, d'être un droit; il est une véritable usurpation, et c'est dans ce sens que l'on peut dire avec l'Écriture : « *Qui potestatem sibi sumit injuste, odietur*[1]. »

Si, par contre, l'humeur de celui qui commande est heureuse jusqu'à l'excès, l'autorité ne sait plus qu'être indulgente jusqu'à la faiblesse. Lorsqu'il faudrait redresser un tort, réprimer un délit, on excuse, on ferme les yeux, on laisse faire. Il y a, en cela encore, injustice[2], puisqu'il y a négligence d'un devoir grave et

1. Celui qui s'emparera du pouvoir injustement sera haï. (Eccli., xx, 8.)

2. Le maître indulgent renonce à son pouvoir coercitif. C'est son *droit*, mais c'est aussi son *devoir* de travailler à la formation de son élève, et c'est une *dette* qu'il ne lui paie pas. C'est en cela qu'une trop grande indulgence peut devenir injuste, mais elle ne le devient qu'indirectement.

encouragement, au moins indirect, à l'indiscipline et au désordre.

Une autre source d'injustice dans l'exercice de l'autorité, chez les éducateurs, est dans l'*inégalité des affections*. Dès l'instant que le cœur aime d'une façon humaine et naturelle, il aime forcément dans une mesure inégale. De là des sympathies plus marquées[1], des préférences plus accusées. Ce qui n'est qu'un fait ordinaire pouvant n'offrir aucun inconvénient dans les relations d'homme à homme, devient une anomalie, une irrégularité, un désordre même et, par suite, une occasion d'injustice, lorsqu'il s'agit des relations d'un maître, surtout d'un maître chrétien, d'un prêtre éducateur, avec ses élèves.

Il est certain que ces préférences, que rien ne justifie et qu'expliquent seulement des motifs humains et terrestres, ôtent à l'autorité du maître son caractère d'impartialité et d'équité, puisqu'elles le portent à favoriser ceux qui sont les objets de sa prédilection et à user envers les autres d'une rigueur intentionnelle qui ne fait que mieux ressortir l'injustice d'une telle conduite.

Cette injustice (comme toute injustice d'ailleurs), portera une véritable atteinte à l'autorité morale dont ce maître est investi ; elle le livrera à la risée, à la critique, à la mésestime, au mépris de ses élèves ; elle lui ôtera ce caractère auguste de père des âmes, inséparable de son caractère de prêtre ; enfin elle stérilisera la puissance que Dieu avait mise en lui de travailler à une œuvre sublime : celle qui prépare les générations chrétiennes de l'avenir.

Aux deux causes précédentes d'injustice dans l'éducation s'en ajoute une troisième : c'est la *précipitation*

1. Nous n'entendons pas parler ici de l'inégalité des sympathies *ressenties*, lesquelles sont inévitables, même chez un saint, mais des sympathies *manifestées* d'une façon exclusive et trop sensible.

dans le jugement, déterminant des appréciations fausses et inexactes, et inspirant une façon d'agir contraire à la modération et à la justice. Ou bien encore, c'est une manière trop humaine de juger les écoliers, de les juger d'après les apparences, sur de simples soupçons, sans prendre le temps ni la peine de contrôler ses impressions, de les soumettre à un examen calme, réfléchi, uniquement dicté par le désir du bien.

C'est là un défaut assez fréquent chez les jeunes maîtres ou chez ceux qui ne se conduisent pas habituellement selon les principes de la foi et dans la seule vue du bien surnaturel de leurs élèves.

Prêtres éducateurs, voulez-vous être à la hauteur de votre sublime mission? Inspirez-vous de la justice et mettez-la dans tous vos actes.

Par elle, vous éviterez de tomber dans le double excès de la sévérité outrée et de l'indulgence aveugle. Par elle vous affermirez votre autorité et fortifierez votre ascendant moral sur ceux que vous devez conduire: *justitia firmatur solium*. Par elle enfin vous inculquerez à la jeunesse ce sentiment, ce besoin, cette volonté, qui doivent être en tout homme de « rendre à chacun selon son droit et son dû. » C'est la définition même de la vertu de justice[1] dont la pratique est, au témoignage de l'Évangile, une garantie certaine de salut[2].

1. Justitia perpetua et constans voluntas est jus suum unicuique tribuens. (S. Thom., II 2, Qu. LVIII, art. 1.)

2. Matth., v, 20.

VI

AUTORITÉ DOUCE ET PATIENTE

Exhibeamus nos... in multa patientia, in longanimitate, in suavitate, in caritate non ficta, in Spiritu sancto[1]. (II Cor., VI, 4.)

Cette recommandation que l'Apôtre adressait aux chrétiens de son temps et qui convient aux chrétiens de tous les temps, dans leurs rapports mutuels, convient tout spécialement aux éducateurs de la jeunesse.

La jeunesse est mobile, changeante, irréfléchie, capricieuse, oublieuse et, par conséquent, bien faite pour mettre à l'épreuve la patience de ceux qui la gouvernent.

Mais si la jeunesse est un âge fécond en défauts, elle est aussi, comme le disait Fénelon. « le seul âge où l'homme peut encore tout sur lui-même pour se corriger. » D'ailleurs, sous les imperfections apparentes ou réelles de sa nature, dont un grand nombre n'ont d'autre source que la légèreté et la pétulance du premier âge, bien souvent l'enfant porte au dedans de lui un riche fonds de qualités et de vertus que l'éducation, si elle est ce qu'elle doit être, saura cultiver et mettre en valeur[2].

Il faut donc savoir beaucoup supporter de l'enfant et beaucoup lui pardonner, *in multa patientia et longanimitate.*

1. Montrons-nous ministres de Dieu par une grande patience, longanimité et suavité, par une charité sincère dans l'Esprit-Saint.

2. Parlant des défauts d'un enfant qui fut quelque temps son élève, Fénelon écrivait : « Ses défauts viennent de son tempérament et de son âge. Il y a tout lieu de croire qu'une bonne éducation et une raison plus mûre les tourneront en vrais talents. C'est un vin dont la verdeur se change en force. C'est un naturel très fort ; il n'est question que de l'adoucir. L'âge qui fortifie la raison, l'exemple, l'instrution, l'autorité, tempéreront cette impétuosité enfantine. »

Alors même qu'il est en faute, qu'il commet quelque délit plus grave, il faut, à moins qu'on ne se trouve manifestement en présence du mauvais esprit, savoir admettre une foule de circonstances atténuantes et ne point juger l'acte accompli par ce qu'il a de matériellement délictueux.

L'enfant obéit si souvent à une impression passagère, superficielle, à un mouvement irréfléchi, à une passion aussitôt éteinte qu'allumée !... Pourquoi vouloir donner à ses actes plus d'importance qu'il n'a voulu leur en donner lui-même ? Pourquoi surtout se hâter de les réprimer, de sévir contre un désordre qui n'est qu'apparent ou matériel ? Pourquoi ne point prendre le temps d'examiner, de se rendre compte de la culpabilité de l'enfant ? Pourquoi, s'il est réellement coupable, ne pas lui laisser le temps de réfléchir lui-même et de se rendre compte aussi de la faute commise ?

On alléguera les inconvénients qu'il y aurait à suivre une telle ligne de conduite, et on estime qu'ils seraient plus nombreux que les avantages. Sans doute, il est des cas où il serait inutile et imprudent d'agir de la sorte ; des cas où la fermeté et la rigueur s'imposent, où la répression immédiate est nécessaire. Mais, en dehors de ces cas, que de fois il y aurait lieu de se rappeler et de mettre en pratique la recommandation de l'Apôtre : « *In multa patientia et longanimitate!* » C'est une excellente chose de savoir attendre, temporiser, pour obtenir plus sûrement un amendement que la précipitation et la violence rendraient impossible.

Il y a chez une foule d'éducateurs une tendance parfois trop marquée à regarder l'enfant comme un homme fait, à attendre de lui une soumission toujours exemplaire, une volonté toujours énergique, une intelligence toujours en éveil, et à exiger du jeune âge ce qu'on ne rencontre pas à l'état permanent dans un âge plus avancé. C'est là, selon nous, une illusion regrettable et qui peut conduire le maître à une sévérité absolument déplacée. Prenons l'enfant, non pas tel qu'il doit être, mais tel qu'il est. Ce sera le meilleur moyen de conserver avec lui la juste mesure et de l'amener à réaliser la plus grande somme possible d'efforts et de progrès.

Toutefois, dans l'enfant d'aujourd'hui il importe de voir l'homme de plus tard, l'homme qui jugera impartialement ses anciens maîtres et qui leur saura gré de leur patience et de leur indulgence, tandis qu'il leur gardera rigueur de leur propre rigueur.

S'il est dit de « ceux qui sont doux qu'ils posséderont la terre, » c'est-à-dire qu'ils exerceront autour d'eux, par le prestige irrésistible de leur douceur, une influence conquérante, on peut en dire autant de vous, éducateurs de la jeunesse; vous gagnerez plus aisément les cœurs de vos disciples, vous soumettrez bien plus entièrement leurs volontés par votre indulgence, votre patience et votre douceur, que par une excessive et impitoyable sévérité.

Au surplus, Dieu lui-même vous sert d'exemple, sur ce point comme sur les autres. Qui, plus que lui, est patient, débonnaire, indulgent, suave et miséricordieux envers les hommes[1] ? Ah ! c'est que son regard, qui pénètre au fond de chaque être, qui « scrute les reins et les cœurs[2], » sait discerner, à travers la malice et la misère de l'homme, les nombreuses ressources qu'il a lui-même déposées dans sa nature et dont l'homme, s'il veut s'en servir, tirera tôt ou tard la force et la grandeur morale. Et il attend; et au lieu d'achever le roseau à demi brisé, il le relève; au lieu d'éteindre la

1. Tu autem, Deus noster suavis es, patiens et in misericordia disponens omnia. (Sap., xv, 1.) — Tu Deus clemens et misericors es, et patiens. (Jon., iv, 2.) — Miserator Dominus : longanimis et multum misericors. (Ps., cii, 8.)
2. Scrutans corda et renes Deus. (Ps. vii, 10.)

lampe fumeuse et mourante, il la ranime[1]; et, par sa douceur, sa patience et sa longanimité, il travaille sans cesse à sauver les âmes au lieu de les perdre.

Prêtres éducateurs, ministres du Dieu des miséricordes, inspirez-vous de son esprit et, dans l'exercice de vos fonctions, montrez-vous animés, vous aussi, d'une grande patience et longanimité, *in multa patientia et longanimitate*, d'une inaltérable suavité, *in suavitate*, enfin de ce que l'Apôtre appelle très judicieusement une charité non feinte, *in caritate non ficta*, de cette charité vraie qui procède d'un cœur où règne l'Esprit-Saint, *in Spiritu Sancto*.

VII

AUTORITÉ PATERNELLE

> Nam si decem millia pædagogorum habeatis in Christo, sed non multos patres[2].
>
> (I Cor., IV, 15)

De ces paroles de l'Apôtre quelle leçon peut-on tirer pour le profit des éducateurs ?

La suivante.

Ce qui manque, dans les maisons d'éducation, ce ne sont pas précisément des maîtres instruits et compétents, des pédagogues habiles dans l'art d'enseigner la jeunesse, mais bien plutôt des pères pour les diriger dans les voies du Seigneur.

Cela revient à dire qu'il ne suffit pas à des éducateurs, surtout à des prêtres éducateurs, d'instruire et d'enseigner la science, ni de gouverner la jeunesse en l'assujettissant, de gré ou de force, au joug de la discipline. Pour remplir convenablement la sublime mission que le

1. Arundinem quassatam non confringet, et linum fumigans non exstinguet. (Matth., XII, 20.)

2. Eussiez-vous dix mille maîtres dans le Christ, vous n'avez cependant pas plusieurs pères.

Seigneur leur a confiée, il faut que leur autorité soit une autorité paternelle.

N'oubliez pas ce qui a été dit plus haut, touchant le ministère de l'éducation, qu'il est essentiellement une paternité intellectuelle, morale et spirituelle. Songez, par ailleurs, que l'école est une extension et une reproduction de la famille, dont les enfants sont les membres et dont le père est le chef. Songez encore que le prêtre éducateur tient la place de Dieu, dont l'un des attributs les plus saillants, dans ses rapports avec les hommes, est celui de la paternité.

Dès lors, vous n'aurez aucune difficulté à concevoir et à admettre que votre autorité, pour être ce qu'elle doit être, doit porter le caractère de la paternité ou, en d'autres termes, être une autorité paternelle [1].

Tout ce qu'on trouve dans un père vraiment digne de ce nom : la sollicitude, la prévoyance, l'indulgence, la bonté, la patience, le zèle, le dévouement, tout cela doit se trouver en vous, dans l'exercice de votre autorité, dans vos rapports avec ceux que le Seigneur vous a donnés comme enfants.

Mais, en disant que votre autorité doit être paternelle, on veut principalement dire que la bonté doit l'emporter sur la sévérité, l'indulgence sur la rigueur, la douceur sur la force.

Vous connaissez cette recommandation de l'Apôtre : « *Patres, nolite ad iracundiam provocare filios vestros* [2]. » Un père provoque la colère indignée de ses fils lorsqu'il est pour eux dur et âpre; lorsqu'il ne ménage pas assez leur faiblesse et qu'il leur impose des obligations trop pénibles ; lorsque, dans ses paroles et ses

1. Faisons observer que le mot autorité (*auctoritas*) tire son origine du mot auteur (*auctor*). Or, on appelle *auteurs* le père et la mère, par rapport aux enfants qu'ils ont engendrés. Ceci dit assez clairement que l'*autorité* est une *paternité*, se confond avec la paternité.

2. Pères, ne provoquez pas vos fils à la colère. (Ephes., VI, 4.)

procédés, il les accable et les maltraite ; lorsqu'il leur inflige des châtiments immérités ou sans proportion avec la faute commise.

Ainsi, maîtres, vous cessez d'être des pères, ou vous oubliez d'être des pères, lorsque, par une autorité trop rude, par une sévérité indiscrète et une rigueur excessive, vous heurtez, en quelque sorte, ces natures, ces volontés qu'une autorité plus douce et plus affable rendrait dociles, soumises et dévouées.

Ne vous faites pas illusion : si l'enfant sent peser sur lui une autorité qui l'opprime, il s'irritera, il résistera, sinon toujours extérieurement, du moins intérieurement ; sa raison, son cœur, sa conscience, protesteront contre cette autorité oppressive. Il pourra bien plier, accomplir matériellement les injonctions trop dures de ses maîtres, subir de force le joug que, sans ménagement, on fait peser sur lui ; mais, au fond de son cœur, il y aura indignation, amertume, révolte, désir de se soustraire à ce joug, mépris et haine de l'autorité.

Il est aisé d'entrevoir les redoutables conséquences de cet état de choses. Comment ne pas voir, en effet, que la rudesse excessive dans l'exercice de l'autorité est un obstacle radical à l'éducation proprement dite ; plus que cela, qu'elle est un agent destructeur de l'éducation ?

Voici la force brutale agissant sur la faiblesse, faisant extérieurement fléchir des volontés qui, dans le fond, résistent et ne se soumettent pas. Où est, d'une part, la vertu ? où est la justice ? où est la conscience ? où est l'amour ? où est enfin la paternité ? Et, d'autre part, où est la liberté ? où est la spontanéité de la soumission ? où est l'esprit filial ?

A cette conséquence s'en joint une autre plus redoutable encore. Si, pendant des années, l'enfant a senti peser sur lui une autorité qui s'est faite lourde et oppressive, il y a beaucoup à craindre pour l'avenir. Lorsque sonnera pour lui l'heure de l'émancipation, il subira, plus facilement qu'un autre, la *griserie* de la liberté. Et il n'est pas rare de constater que ceux qui ont fait, un jour, le désespoir de leurs familles par leurs allures d'indépendance et de révolte, sont ceux qui, dans leur enfance, furent le plus durement comprimés.

Encore une fois, vouloir gouverner, exercer l'autorité de cette sorte, c'est ruiner l'éducation tout entière. Car l'homme, le jeune homme, l'enfant n'est pas un être purement matériel, n'obéissant, comme la brute, qu'à son instinct ou à la force; il est aussi un être spirituel, se dirigeant d'après les inspirations de sa raison et de sa conscience, par la vue d'un devoir clairement manifesté et par lui librement accepté et accompli.

D'où nécessité d'un sage tempérament dans le gouvernement de la jeunesse. Si trop d'indulgence nuit, trop de sévérité ne peut aussi qu'être funeste à l'œuvre de l'éducation. C'est d'un heureux mélange de douceur et de fermeté paternelles que résulte, pour l'éducateur, l'autorité véritable, celle qui inspire aux disciples le respect, la soumission, la confiance et l'amour[1].

Jeunes maîtres, qui débutez dans ce délicat et difficile ministère, prenez garde au danger d'une trop grande sévérité. N'allez point croire que, pour mieux établir votre autorité, il soit nécessaire de ne viser qu'à inspirer la crainte. Tout le secret de l'éducation consiste dans ce juste tempérament de crainte et d'affection qui forme le point précis où l'éducateur doit se tenir. Tout en montrant l'autorité grave et ferme qui convient à des *maîtres*, ayez la bonté douce et condescendante qui convient à des *pères*. Oui, soyez pères; appliquez-vous à le paraître, et forcez vos élèves à vous aimer comme des fils.

Nam si decem millia pædagogorum habeatis in Christo. Nous avons en France plusieurs milliers de prêtres éducateurs... Que ces prêtres ne se contentent

1. V. Mgr Dupanloup, *De l'Éducation*, liv. III, ch. vi, p. 374 et suiv.

pas d'être instruits, zélés pour les progrès intellectuels de leurs élèves, soucieux de les voir se développer et grandir dans la science; mais qu'ils s'emploient surtout, avec toute l'ardeur de leur zèle, à être autant de pères, les aimant à la façon de saint Paul, *in visceribus Christi*; et alors ils n'encourront pas le blâme de l'Apôtre : *sed non multos patres.*

Prêtres éducateurs, soyez donc pères plus encore que maîtres. Faites de vos écoles des succursales, en quelque sorte, de la famille; faites-y régner l'esprit familial. Que, d'une part, l'autorité, la bienveillance paternelle; d'autre part, le respect filial, la soumission, la confiance, l'amour, le dévouement, soient les mobiles qui inspirent maîtres et disciples, les lois invariables qui régissent leurs mutuels rapports.

VIII

AUTORITÉ FERME ET ÉNERGIQUE

Patres... educate filios vestros in disciplina et correptione Domini[1]. (Ephes., VI, 4.)

Pour être douce et paternelle, l'autorité de l'éducateur n'en doit pas moins être ferme et énergique.

La fermeté et l'énergie doivent se manifester en lui par le zèle à former la jeunesse à la discipline et à réprimer les infractions qu'elle y pourrait faire.

Nous ne reviendrons pas sur ce qui a été dit plus haut touchant la formation disciplinaire. Ne nous occupons ici que de la *correction.*

Faut-il n'entendre ce mot que dans le sens d'une correction morale, consistant dans les avertissements, les

1. Pères, élevez vos fils dans la discipline et la correction du Seigneur.

reproches, les réprimandes, en un mot, dans les divers moyens moraux capables d'amener le délinquant à reconnaître sa faute et à la regretter? ou bien, faut-il entendre ce mot dans le sens d'une correction physique et corporelle?

Les Livres sacrés autorisent l'une et l'autre interprétations, car, en maints endroits, ils parlent très explicitement de verges, de fouets, et d'autres instruments de répression corporelle. « *Qui parcit virgæ, odit filium*[1]. — *Noli subtrahere a puero disciplinam ; si enim percuseris eum virga, non morietur*[2]. » — « *Tu virga percusties eum, et animam ejus de inferno liberabis*[3]. » — *Qui diligit filium suum, assiduat illi flagella, ut lætetur in novissimo suo, et non palpet proximorum ostia*[4]. »

Ces recommandations de l'Esprit-Saint, quelque motivées et fondées qu'elles soient, ne sauraient être rappelées sans inconvénient en un siècle où le respect filial semble avoir disparu, parce que toute fermeté paternelle semble s'être changée en une coupable et funeste indulgence. Ce serait soulever des protestations indignées de la part de ceux-là mêmes dont ce divin Esprit a voulu, par ces conseils, sauvegarder les intérêts : les parents, d'une part, et les enfants, de l'autre. On ne manquerait pas de crier à l'inhumanité, à la cruauté, à la barbarie !

Et pourtant, il fut un temps — ce temps n'est pas très éloigné — où l'éducation familiale admettait encore la correction corporelle des enfants, et où les parents bien avisés recouraient, dans une sage mesure, aux châtiments qui, en faisant souffrir le corps, exerçaient

1. Celui qui épargne la verge hait son fils. (Prov., XIII, 24.)

2. Ne soustrais pas à l'enfant la discipline, car si tu le frappes de la verge, il ne mourra pas. (Ibid., XXIII, 13.)

3. Tu le frapperas donc de la verge, et de l'enfer tu délivreras son âme. (Ibid., 14.)

4. Celui qui aime son fils le châtie fréquemment, afin qu'il s'en réjouisse dans son dernier temps et qu'il ne frappe pas à la porte de ses voisins. (Eccli., XXX, 1.)

sur l'esprit une influence salutaire... Ce temps reviendra-t-il jamais? Qui le pourrait dire?

Quoi qu'il en soit, il y aurait, à l'heure actuelle, imprudence de la part des éducateurs à vouloir suivre à la lettre la recommandation de nos divines Écritures et suppléer à l'inqualifiable indulgence, à la coupable faiblesse des parents envers leurs enfants. Outre qu'ils s'aliéneraient les familles, ils tomberaient sous le coup de la rigueur légale de l'État, lequel, faussant l'éducation sous ce rapport comme sous d'autres, s'est fait le complice de cette indulgence et de cette faiblesse.

Dès lors, c'est dans sa signification morale qu'il faut entendre le mot correction.

Mais cette correction toute morale, la seule qui soit, en fait, à votre disposition, prêtres éducateurs, employez-la sous toutes les formes dont elle est susceptible. C'est votre droit; c'est aussi votre devoir.

L'enfant est exposé à se tromper, à négliger son devoir, à s'écarter de la voie dans laquelle il doit marcher, à se conduire d'après les folles inspirations de son imagination et selon les caprices de sa nature indépendante.

Il faut le reprendre, le ramener au devoir, l'obliger à reconnaître ses torts, l'assujettir au joug salutaire de la règle.

Il faut, s'il résiste, s'il s'obstine en ses errements ou en ses illusions, lui opposer, avec une fermeté constante, ce joug dont il ne veut point, ce devoir qu'il repousse.

Il faut abaisser son orgueil, contenir son indépendance, réagir contre sa paresse, réprimer sa sensualité, son mauvais esprit.

Il faut avoir la force de lui infliger les peines disciplinaires qu'il est en votre pouvoir d'employer, pour corriger les écarts d'une nature défectueuse. *Educate filios vestros in disciplina et correptione.*

Ne perdez jamais de vue ce principe. L'ordre donné justement, il faut, en tout et toujours, que l'enfant obéisse, qu'il cède à tout prix, et que le maître ne sacrifie jamais le droit à être obéi que lui confère sa qualité de maître, de légitime détenteur de l'autorité de Dieu. C'est le cavalier qui, trois fois, dix fois, vingt fois, ramène son coursier devant l'obstacle et jamais ne se lasse. Si c'est vous qui cédez, vous qui reculez, vous êtes perdus. L'enfant profitera de ce triomphe qu'il aura remporté sur vous-mêmes, pour affirmer sa résistance, et l'œuvre de l'éducation se trouvera, de ce chef, de plus en plus compromise.

Si l'enfant cède à la douceur, n'employez que la douceur. Si la douceur est impuissante, recourez à la sévérité. Si la sévérité des remontrances échoue à son tour, usez de celle des punitions : aux grands maux les grands remèdes !

Mais dans quel esprit faut-il faire cela ? Est-ce par la force brutale et oppressive, par des procédés violents et passionnés, blessants et offensants ?

Nullement. N'oubliez pas que vous êtes pères, *patres*, et que votre mission consiste à élever, *educate*, non à déprimer. Que tout en vous soit élevé aussi, digne du caractère surnaturel dont vous êtes revêtus et qui fait de votre paternité une chose sacrée.

L'Esprit-Saint a pris soin de vous indiquer de quelle façon vous devez exercer la correction : *in correptione Domini*, dans la correction du Seigneur, c'est-à-dire avec foi, avec douceur, avec paix et entière possession de soi-même, sans perdre un seul instant de vue le bien des âmes que l'on ne doit, en définitive, corriger que pour les rendre meilleures.

In correptione Domini, à la façon dont Dieu corrige l'homme, sa créature, sans se départir jamais de ce calme, de cette impertubable sérénité qui fait partie de son essence et le fait nommer *le Dieu de paix*.

In correptione Domini, dans sa dépendance et sous l'influence de sa grâce humblement sollicitée avant de procéder à la correction. Jamais on ne devrait adresser un reproche, faire une réprimande, entreprendre de corriger un enfant, un jeune homme, sans s'être, auparavant, muni de cette force inhérente à la douceur et que seul le Seigneur peut communiquer.

Il faut que dans vos sévérités et vos réprimandes, vous sachiez mettre cet accent où la tendresse vibre et qui donne aux discours les plus amers une incomparable efficacité ; il faut que l'enfant découvre en vous toute la peine que vous éprouvez à le punir et à le corriger ; qu'il sente bien qu'en le faisant, vous y êtes contraint, forcé à la dernière extrémité, et que vous souffrez autant et plus que lui d'en être réduit à employer un si dur moyen. C'est en cela que consiste la correction dans le Seigneur : *in correptione Domini*.

Prenez la résolution d'agir toujours, de cette sorte. A cette condition, votre correction sera efficace, car vous aurez corrigé à la manière de Dieu : *in correptione Domini*[1].

RÉPÉTITION DU SUJET PRÉCÉDENT

> Puer qui dimittitur voluntati suæ confundit matrem suam[2]. (Prov., XXIX, 15.)

L'enfance est, sans contredit, l'âge le plus intéressant et le plus aimable. Quoi de plus attrayant, en effet, que la candeur et l'innocence, la simplicité et l'ingénuité de l'enfant ?

Mais c'est aussi l'âge de l'ignorance et de l'inexpérience ; l'âge où la raison n'étant pas encore suffisamment

1. On lira avec profit les pages très pratiques sur la *répression*, écrites par M. le chanoine G. GINON, ancien supérieur du petit séminaire du Rondeau (Grenoble) dans son remarquable opuscule : *Des moyens de développer par l'éducation la dignité et la fermeté du caractère*. (Paris, Poussielgue.)

2. L'enfant abandonné à sa volonté couvre de confusion sa mère.

développée, ni la volonté suffisamment affermie, il faut à l'enfant une volonté supérieure qui, sous l'inspiration de la raison, dirige sa volonté mobile et faible et en contrôle, en quelque sorte, les principaux actes.

Sans cela, l'enfant, n'obéissant qu'à ses caprices, agira à sa guise et se portera indistinctement vers le bien ou vers le mal selon qu'il s'y sentira plus ou moins attiré.

Dans la famille, c'est à la volonté du père et de la mère que l'enfant obéit; c'est d'eux qu'il reçoit la direction de ses actes.

Au collège, c'est à ses maîtres, substitués à ses parents et agissant en leur nom, qu'il obéit, c'est d'eux qu'il reçoit cette direction.

Or c'est un devoir pour les maîtres, comme c'en est un pour les parents, de dominer la volonté de l'enfant, non pas au point de l'absorber, de l'étouffer, de ne lui laisser ni la liberté ni le mérite de ses actes, mais de façon à le maintenir toujours dans le libre accomplissement du bien et à l'empêcher de s'en écarter.

Négliger ce devoir, c'est manquer à l'une des obligations les plus importantes de l'éducation de la jeunesse; c'est exposer cette jeunesse à réaliser à la lettre l'oracle de l'Esprit-Saint : « *Puer autem qui dimittitur voluntati suæ confundit matrem suam.* »

Quelle est cette mère qui ne recueille que la confusion de l'enfant qu'elle a, par une aveugle et coupable indulgence, abandonné à tous les caprices de sa volonté?

C'est, avant tout, la mère selon la nature. Le texte sacré ne parle pas du père, il ne fait mention que de la mère, parce que celle-ci personnifie davantage l'amour dans tout ce qu'il a de plus tendre, de plus délicat et de plus dévoué, et qu'à la mère est dû, en retour, un amour de même nature, de la part de l'enfant qui en est l'objet.

C'est aussi parce que à la mère revient plus spécialement le soin d'élever l'enfant, de présider à sa première formation morale, de faire naître, ou, tout au moins, de cultiver et de développer en cet enfant les bons instincts, d'être, en un mot, sa première éducatrice[1].

Si la mère, trop faible en son affection, néglige de diriger son enfant, d'exercer sur lui une autorité de commandement; si elle satisfait tous ses désirs, si elle cède à tous ses caprices; si, à force de concessions, elle en vient à dépendre elle-même de celui qui devrait lui être soumis, elle perd, de ce chef, une partie considérable de sa dignité. Insensiblement, elle se laisse dominer par cet enfant dont elle est idolâtre, ou dont elle n'ose point contrarier les caprices. Celui-ci, de jour en jour, s'habitue à ne tenir aucun compte des ordres ou des défenses de sa mère, à n'avoir plus envers elle cette docilité, cette soumission respectueuse qu'il lui doit; à se montrer grossier, arrogant, violent, et, finalement, à la traiter avec mépris, à la couvrir d'humiliation... Hélas! n'est-ce point là l'histoire journalière et trop réelle de tous les enfants que des mères trop faibles ont « abandonnés à leur volonté », *puer qui dimittitur voluntati suæ*.

Confundit matrem suam. Cette mère, c'est encore la Religion, c'est la sainte Église catholique, mère, selon la grâce, des âmes chrétiennes, baptisées et élevées dans son sein. L'enfant qu'on abandonne à sa volonté est un enfant qui s'abandonne bientôt lui-même à ses passions. Ces passions l'entraînent aux plus graves excès, aux plus honteux écarts. Une fois entré dans la voie du mal, plus de respect pour la religion, pour l'Église. Les vérités de la foi, les enseignements de l'Évangile, les saintes pratiques du christianisme : tout cela est méprisé, rejeté, renié. On rougit d'être enfant de l'Église; et, tandis qu'on s'honore et qu'on est fier d'appartenir à quelque secte exécrable, on considère comme un déshon-

1. Nominat matrem pro patre, quia ad matrem spectat puerorum educatio et institutio. (*Cornel. a Lap.*, Comment. in Prov., Salom., XXIX, 15.)

neur et l'on repousse comme indigne de soi d'appartenir à la religion des vrais croyants. *Confundit matrem suam.*

Ce mépris pour leur mère selon la nature et pour leur mère selon la grâce peut aller très loin chez ces *enfants gâtés* — nul mot ne saurait mieux leur convenir que celui-là. — Il peut aller jusqu'aux actes les plus coupables, aux attentats les plus criminels contre l'une, et jusqu'à la haine, la persécution, la trahison contre l'autre... Hélas! ici encore, l'expérience de tous les jours et chez tous les peuples civilisés ne confirme que trop la déclaration de l'oracle sacré : *Puer autem qui dimittitur voluntati suæ confundit matrem suam.*

Prêtres éducateurs de la jeunesse, c'est un devoir pour vous de conjurer ce malheur en déployant, dans l'exercice de votre autorité, cette fermeté, cette force, cet esprit de force dont il a été parlé dans le paragraphe précédent.

Trop souvent les enfants que l'on confie à vos soins ont acquis, dans leurs familles, des habitudes d'indépendance et de désobéissance qui les ont rendus ingouvernables et indisciplinables. Il s'agit donc de refaire en eux l'éducation première, de redresser ces inclinations défectueuses, de faire disparaître ces mauvais plis. Tâche ardue et ingrate selon la nature, mais tâche éminemment utile et qui, remplie avec intelligence et avec zèle, ne peut que donner, Dieu aidant, les plus consolants résultats.

L'expérience est là pour démontrer que ceux dont la jeunesse n'a jamais connu la flatterie ni les concessions dangereuses d'une tendresse aveugle, soit de leurs mères, soit de leurs maîtres, sont ceux qui, en acquérant le plus d'énergie pour l'avenir, conservent le plus de reconnaissance pour le passé.

A l'œuvre donc, éducateurs, et, pour autant qu'il dépend de vous, empêchez ces enfants d'infliger la confusion à leurs mères!

Quel malheur, quelle faute, si vous alliez, par une connivence plus ou moins inconsciente, favoriser cette œuvre de *confusion* et achever ce que des mères, trop indulgentes et trop faibles, ont commencé pour leur malheur et celui de leurs fils!

Vous auriez, sans le vouloir ni le savoir, travaillé à la ruine de votre autorité, à l'inefficacité de votre dévouement, à la stérilité de votre ministère. Ces enfants, que vous auriez trop ménagés, dont vous n'auriez pas su réprimer les caprices, en viendraient rapidement à vous mépriser vous-mêmes, à n'avoir plus aucun égard pour votre caractère sacré. Ce serait aussi votre confusion : *Confundit matrem suam.*

RÉCAPITULATION DES DEUX SUJETS PRÉCÉDENTS

FORCE ET DOUCEUR DANS L'AUTORITÉ

Sapientia attingit a fine usque ad finem fortiter, et disponit omnia suaviter[1]. (Sap., VIII, 1.)

La nécessité de la vertu et de l'esprit de force dans la direction de la jeunesse se tire d'un fait indéniable, du penchant de cette dernière au mal : « *Juventus,* dit saint Jean Chrysostôme, *per seipsam ad ruinam proclivis est et ad malitiam levi momento inclinatur*[2]. »

Ce fait, qui est le triste produit de la nature de l'homme, viciée dans ses origines, s'explique aussi par l'inexpérience et l'ignorance, lesquelles, jointes à l'orgueil, source de tout mal, à la présomption et la confiance en soi, portent la jeunesse à s'exposer au danger et à courir follement à sa ruine. *Per seipsam proclivis est ad ruinam.* Donc nécessité d'une main ferme pour

1. La sagesse atteint avec force d'une extrémité à une autre et dispose toutes choses avec douceur.

2. La jeunesse est portée d'elle-même à la ruine, un léger motif l'incline vers le mal.

l'arrêter sur la pente qui aboutit aux abîmes, pour conjurer ce danger, pour empêcher cette ruine.

Ad malitiam levi momento inclinatur. Donc aussi nécessité de redresser cette inclination, d'opposer un frein salutaire à cette impétuosité présomptueuse et périlleuse; de ramener à la pratique du devoir, d'y maintenir, coûte que coûte et constamment, ces volontés changeantes, capricieuses, d'autant qu'il ne faut qu'un léger mobile, un motif sans poids, *levi momento*, pour qu'un jeune homme se laisse entraîner aux plus regrettables écarts.

Le même saint Docteur, parlant de la jeunesse, ajoute : « *Difficilis res est juventus, quia jactabilis, fallibilis, labilis est, et vehementiori indiget frœno*[1]. »

La difficulté de la direction et de la formation de la jeunesse vient donc de son inconstance, de sa faiblesse naturelle et de ce penchant inné qui l'incline vers le mal ou, tout au moins, vers ce qui peut être une cause de mal.

A ce triple désordre, à cette triple infirmité de l'humaine nature, il faut opposer l'esprit de force, soit pour soutenir dans l'exercice du bien, soit pour soustraire aux atteintes du mal ces volontés faibles et inconstantes, soit enfin pour combattre dans ces natures indomptées les mauvais instincts et refréner en elles les passions naissantes : *vehementiori indiget frœno.*

Mais il importe de bien comprendre ce que l'on doit entendre par les mots *force, esprit de force*, en matière d'éducation.

Ce n'est rien autre que la fermeté de l'esprit et de la volonté dans l'exercice de l'autorité, excluant, d'une part, tout caprice, tout emportement, toute passion et,

1. La jeunesse est une chose difficile, fragile, exposée à faillir; elle a besoin d'un frein très puissant.

de l'autre, toute concession contraire à la justice, à la prudence, aux vrais intérêts de ceux que l'on doit gouverner[1].

Redisons ici ce qui a été dit plus haut. Un double danger est à éviter dans l'exercice de l'autorité et dans l'éducation de la jeunesse : l'*indulgence excessive* et la *trop grande sévérité*.

L'indulgence excessive est faiblesse. Elle favorise le développement de tous les mauvais penchants, elle énerve et ruine la discipline; elle rend impossible la formation morale de la jeunesse. On peut dire d'elle, à la lettre, ces paroles de nos saints Livres : « *In infirmitate manuum perstillabit domus*[2]. »

D'autre part, la sévérité excessive, sans aucun ménagement pour la faiblesse de l'enfance, celle qui impose des fardeaux trop lourds, qui ne sait pas temporiser, qui ne « fait aucun quartier, » qui brise tout enfin sous les coups d'une autorité implacable, c'est l'abus de la force et du pouvoir; c'est la force brutale primant le droit et transformant l'autorité en une police odieuse[3]. La force ainsi exercée asservit, rend esclave, mais ne soumet pas, ne rend pas les cœurs, les volontés dociles.

En fait, cette excessive sévérité, c'est l'injustice ou, du moins, elle y mène facilement, car elle est produite par la passion, et rien n'est plus aveugle et plus désordonné qu'une passion.

La sévérité, si elle n'est pas tempérée par une certaine indulgence, surtout par une entière possession de

1. Conf. Mgr Dupanloup, *De l'Education*. Tome II, liv. III. ch. v : La fermeté.

2. Par la faiblesse des mains, il se produira des infiltrations dans la maison.

3. « Dans de telles maisons... à quoi aboutit-on? « A une exacte « police », dit Fénelon. Ce sont des âmes qu'il faudrait élever; ce sont des corps qu'on mâte et qu'on dresse. Mais pour arriver là et faire d'une maison d'éducation une caserne bien disciplinée, des instituteurs ne sont pas nécessaires, des sergents de ville suffiraient au besoin. » (Mgr Dupanloup, *De l'Éducation*, loc. cit. ch. vi, p. 378.)

soi-même, tarit la confiance de l'enfant envers lequel elle s'exerce, est un obstacle radical à l'épanouissement de son cœur, à tout sentiment affectueux à l'égard de ses maîtres. Elle aigrit, mécontente, décourage, fait haïr ceux qu'on ne devrait qu'aimer; elle enlève à l'éducateur cette auréole de dignité condescendante qui devrait toujours régner autour de sa personne.

Et si cet éducateur est un prêtre, un religieux, combien il se déprécie et s'amoindrit aux yeux de ses élèves par cette énergie outrée et cette sévérité impitoyable! Quel préjudice il peut causer, qu'il en ait ou n'en ait pas conscience, non seulement à l'âme de ces enfants, mais encore aux intérêts de la religion dont il est le ministre!

Hélas! il faut le reconnaître, être sévère est plus facile et, par suite, plus commun, plus général qu'être bon envers les autres, surtout qu'être bon tout en étant ferme. Il y a dans cette alliance de la force et de la douceur, principalement chez les jeunes maîtres, chez ceux qui débutent dans le ministère si délicat et si ardu de l'éducation, tout un travail d'attention sur soi-même, d'esprit de foi, d'abnégation, d'humilité, de juste appréciation des choses, d'efforts vertueux enfin, qui ne laisse pas que d'être coûteux à la nature.

On cherche à s'excuser en alléguant qu'en définitive, la force appelle la sévérité. Sans doute, elle l'appelle, dans une certaine mesure, comme l'un de ses éléments, mais il ne faut pas confondre l'une avec l'autre.

La force n'est pas la violence, l'oppression. C'est l'application de la volonté à maintenir invariablement dans l'ordre, à y ramener ceux qui s'en écartent par des moyens raisonnables, pondérés, capables de produire l'effet qu'on se propose; à ne rien laisser au caprice, à l'arbitraire; à sauvegarder, avec un soin jaloux, les principes essentiels de l'autorité; à imprimer l'impulsion au bien et à maintenir ce bien constamment en honneur.

Voilà la vraie force. Elle consiste, on le voit, bien moins dans la coaction violente des volontés que dans la persévérance à employer les moyens de rendre celles-ci dociles, appliquées à ce qu'elles doivent faire, sans rien perdre de leur liberté.

Prêtres éducateurs, c'est là une science ou, si vous le voulez, un art difficile à acquérir. Vous ne l'acquerrez que par *la pratique habituelle de l'esprit de foi et de la vertu d'humilité.*

L'esprit de foi, en vous montrant dans ces enfants à élever des âmes aimées de Dieu et par lui confiées à vos soins, afin de les rendre dignes de ses infinies complaisances, vous les fera estimer, honorer et aimer, comme le mérite tout ce qui vient de Dieu et porte son empreinte.

L'humilité mettra dans vos cœurs des sentiments de condescendance et d'indulgence qui tempéreront en vous la sévérité et vous feront être bons sans faiblesse.

Exercez-vous à ces vertus, et votre autorité se revêtira de la véritable force[1] ; et, à l'exemple de la divine Sagesse, vous saurez allier la force à la douceur et atteindre heureusement le but que vous vous proposez comme éducateurs chrétiens : « *Sapientia attingit a fine usque ad finem fortiter, et disponit omnia suaviter.* »

IX

AUTORITÉ HUMBLE ET CONDESCENDANTE

> Rectorem te posuerunt? Noli extolli. Esto in illis tanquam unus ex ipsis[2]. (Eccli., XXXII, 1.)

Parmi les choses que vous devez savoir et dont vous devez être profondément convaincus, prêtres éducateurs

1. Conf. Mgr Dupanloup, *De l'Education*, loc. cit. ch. VI ; La fermeté et la douceur.

2. On t'a placé pour être chef ? Ne t'en exalte pas. Sois parmi eux comme l'un d'eux.

de la jeunesse, l'une des principales est la suivante.

L'autorité n'est pas le droit de dominer les autres, de les opprimer, de leur faire sentir leur infériorité.

Elle est le droit et, en même temps, l'obligation de faire observer la loi, de maintenir chacun dans son devoir, de pourvoir au bon ordre et, par là même, au bonheur de tous.

C'est cette vérité que l'Esprit-Saint a voulu énoncer par ces paroles : « *Rectorem te posuerunt? Noli extolli.*

Quel est le sens précis de ces paroles?

C'est que l'autorité doit être *humble;* c'est-à-dire que celui qui est légitimement investi de l'autorité ne doit pas s'en servir comme d'un escabeau pour s'élever, pour dominer; mais doit, au contraire, être plein de condescendance, s'effacer, s'amoindrir, en quelque sorte, et devenir, selon l'oracle sacré, comme l'un de ceux qu'il est chargé de gouverner : *esto in illis tanquam unus ex illis.*

Ce n'est pas à dire qu'il faille amoindrir, rabaisser, déprécier et déconsidérer l'autorité : ce serait un désordre et un principe de ruine; ce n'est pas à dire, non plus, qu'il faille sacrifier le droit essentiel au respect, à la soumission, que l'autorité confère à celui en qui elle réside ; mais seulement exclure de l'exercice de l'autorité tout ce qui irait à faire prévaloir la personnalité du maître, tout ce qui tendrait à satisfaire son orgueil, son ambition, son égoïsme, en un mot, des passions mauvaises.

Tout maître, tout supérieur légitime, est investi d'une dignité spéciale qui l'assimile à Dieu, le souverain maître, de qui découle tout pouvoir. L'autorité qui réside en vous, Prêtres éducateurs, n'est, en réalité, qu'une participation à l'autorité suprême de Dieu. C'est au nom de Dieu, dont vous êtes les délégués, les représentants, que vous devez exercer cette autorité.

Or Dieu, encore qu'il soit le maître absolu, universel des créatures, et qu'il les domine de toute la hauteur de son infinie majesté, Dieu reste bon et condescendant envers elles. Dieu s'est fait comme l'une d'elles, puisque Dieu s'est fait homme. Ce Dieu fait homme a voulu que l'on sût qu'il est humble : « *Discite a me quia mitis sum et humilis corde.* » Il a déclaré qu'il n'était pas venu pour être servi, bien qu'il soit maître, mais pour servir ses propres serviteurs. « *Vos vocatis me Magister et Domine, et bene dicitis : sum etenim. Si ergo lavi pedes vestros, Dominus et Magister, et vos debetis alter alterius lavare pedes... Beati estis, si feceritis ea*[1]. »

Dès lors, ne vous étonnez pas, prêtres éducateurs, de cette recommandation de l'Esprit-Saint : « *Rectorem te posuerunt? Noli extolli. Esto in illis tanquam unus ex ipsis.* » Ce principe est d'une importance capitale, et les conséquences en sont d'une portée immense.

Rien ne concilie plus la confiance et n'assure plus efficacement la docilité du disciple qu'une autorité pleine de condescendance et de bonté de la part du maître. Pourvu que cette condescendance ne soit pas abdication de l'autorité et indulgence aveugle, un supérieur, un directeur ne peuvent que gagner à se faire tout à tous, à mettre de côté tout air de domination, ou simplement ce qu'on est convenu d'appeler l'air pédagogue[2], air composé de raideur, de hauteur, de réserve froide et dure, qui resserre le cœur des élèves et les éloigne de leurs maîtres, car ils ne voient plus en eux, et avec raison, que des fonctionnaires rigides.

1. Vous m'appelez Maître et Seigneur, et vous dites bien, car je le suis. Si donc je vous ai lavé les pieds, moi votre Maître et votre Seigneur, vous devez, vous aussi, vous laver les pieds les uns aux autres... Heureux serez-vous si vous faites cela... (Joan., XIII, 13-17.)

2. Un laïque, ancien élève de l'Université, me disait un jour : « Je ne sais pourquoi les ecclésiastiques professeurs, même de simples précepteurs particuliers, ont, en général, dans leur physionomie, quelque chose de froid, de sec, de hautain et de dominateur. Cet air jure avec leur habit et leur caractère : ils ne devraient respirer, selon moi, qu'humilité et bonté. »

Ce qui non seulement resserre le cœur de l'écolier, mais le ferme, le rend défiant, inaccessible à l'égard de ses maîtres, c'est précisément le sentiment souvent exagéré qu'il a de la distance qui le sépare d'eux. Dans ses supérieurs, il ne voit que des supérieurs; du moins, c'est ce qu'il voit en eux avant tout, et c'est assez pour l'empêcher de s'ouvrir, de s'épancher, de se laisser conduire sans résistance ni défiance.

Dès lors, où est l'éducation? Comment peut bien s'opérer cette formation de la jeunese, qui est la raison essentielle, qui est l'essence même de l'éducation? *Rectorem te posuerunt : Esto... tanquam unus ex ipsis.* La relation, la connexion logique des deux idées est manifeste. Pour diriger des âmes, il faut prendre contact avec ces âmes. Un supérieur, un maître ne le peuvent qu'en s'abaissant jusqu'à elles, qu'en fusionnant, pour ainsi dire, avec elles. L'humilité dans l'exercice de l'autorité fournit le secret de cette fusion.

Noli extolli. L'orgueil dans le gouvernement fait qu'on est *soi* en commandant, au lieu d'être le représentant de l'autorité divine, l'organe, l'agent du Christ « doux et humble de cœur » ; — que l'on impose sa volonté, ses idées, parfois même ses caprices, au lieu de proposer la volonté divine qui est sagesse et équité; — que l'on est dur, fâcheux, irritable, susceptible, impitoyable; — que l'on rend l'autorité odieuse, exécrable même; — que l'on alimente, à son insu, l'esprit de révolte, de murmure, de cabale; — que l'on est, par conséquent, la cause de nombreux péchés et de regrettables désordres; — qu'enfin l'on se rend, de ce chef, impropre à gouverner, à diriger, surtout des enfants et des jeunes gens que la douceur et la bonté gagnent, mais que la sévérité hautaine et orgueilleuse, l'esprit de domination irritent, éloignent, rendent indisciplinables.

Prêtres éducateurs, inspirez-vous des sentiments de

votre maître et modèle Jésus, au cœur doux et humble. C'est par la douceur et l'humilité qu'il a conquis le monde et qu'il gouverne les âmes. Que ce soit aussi en toute humilité et douceur qu'en son nom et à son exemple, vous gouverniez ces âmes dont vous êtes les *recteurs* d'office. *Rectorem te posuerunt? Noli extolli. Esto in illis tanquam unus ex ipsis.*

X

AUTORITÉ ÉDIFIANTE ET EXEMPLAIRE[1]

> In omnibus teipsum præbe exemplum bonorum operum : in doctrina, in integritate, in gravitate... Ut is qui ex adverso est vereatur, nihil habens malum dicere de nobis... Nemo te contemnat[2]. (Tit., II, 7, 8, 15.)

Prêtres éducateurs, votre qualité de maîtres vous impose l'obligation d'enseigner. Or le premier ensei-

1. Ces pages étaient écrites lorsqu'a paru la Lettre encycliqué de S. S. Léon XIII aux archevêques, évêques et au clergé de France (8 septembre 1899.) Elle contient un admirable commentaire des paroles de l'Apôtre qui servent de texte au présent chapitre. J'ai pensé qu'il ne serait pas sans intérêt de mettre ce commentaire sous les yeux du lecteur. Bien qu'il s'applique au clergé en général, les prêtres éducateurs y pourront puiser d'utiles enseignements.

2. Montrez-vous, en toutes choses, un modèle de bonnes œuvres, dans la doctrine, dans l'intégrité, dans la gravité... Afin que l'ennemi rougisse et craigne, n'ayant rien de mal à dire de vous. Que personne ne vous méprise !

In omnibus teipsum præbe exemplum bonorum operum. En toutes choses, donnez l'exemple des bonnes œuvres, c'est-à-dire d'une vie exemplaire et active, animée d'un véritable esprit de charité et guidée par les maximes de la prudence évangélique ; d'une vie de sacrifice et de travail, consacrée à faire du bien au prochain, non pas dans des vues terrestres et pour une récompense périssable, mais dans un but surnaturel. Donnez l'exemple de ce langage à la fois simple, noble et élevé, de cette parole saine et irrépréhensible, qui confond toute opposition humaine, apaise l'antique haine que nous a vouée le monde, et nous concilie le respect, l'estime même des ennemis de la religion. Quiconque s'est voué au service du sanctuaire a été obligé, en tout

gnement que vous devez à vos disciples est celui de l'exemple, du bon exemple.

Ce bon exemple doit être universel. Tout dans votre conduite doit édifier : *In omnibus... præbe exemplum.* Vos bonnes œuvres doivent vous être une recommandation et donner à votre autorité cette force qu'elle emprunte toujours et comme nécessairement à une conduite exemplaire : *præbe exemplum bonorum operum.* Il faut que vous soyez vous-mêmes des exemples, des modèles vivants, non pas seulement sur un point, mais sur tous les points sans exception : *in omnibus teipsum præbe exemplum.*

1° *In doctrina*[1]. Un maître doit savoir ce qu'il est chargé d'enseigner. Il doit communiquer la science à ses élèves ; la science humaine proprement dite, c'est-à-dire les diverses connaissances dont cette science se compose, et la science divine, c'est-à-dire la connaissance de la religion chrétienne, des vérités de la foi,

temps, de se montrer un vivant modèle, un exemplaire parfait de toutes les vertus; mais cette obligation est beaucoup plus grande lorsque, par suite des bouleversements sociaux, on marche sur un terrain difficile et incertain où l'on peut trouver à chaque pas des embûches et des prétextes d'attaque. (Lettre encyclique de S. S. Léon XIII aux archevêques, évêques et au clergé de France, 8 septembre 1899.)

1. *In doctrina.* En présence des efforts combinés de l'incrédulité et de l'hérésie pour consommer la ruine de la foi catholique, ce serait un vrai crime pour le clergé de rester hésitant et inactif. Au milieu d'un si grand débordement d'erreurs, d'un tel conflit d'opinions, il ne peut faillir à sa mission qui est de défendre le dogme attaqué, la morale travestie et la justice si souvent méconnue. C'est à lui qu'il appartient de s'opposer comme une barrière à l'erreur envahissante et à l'hérésie qui se dissimule; à lui de surveiller les agissements des fauteurs d'impiété qui s'attaquent à la foi et à l'honneur de cette contrée catholique: à lui de démasquer leurs ruses et de signaler leurs embûches; à lui de prémunir les simples, de fortifier les timides, d'ouvrir les yeux aux aveugles. Une érudition superficielle, une science vulgaire ne suffisent point pour cela; il faut des études solides, approfondies et continuelles, en un mot, un ensemble de connaissances doctrinales capables de lutter avec la subtilité et la singulière astuce de nos modernes contradicteurs. (Lettre encyclique de S. S. Léon XIII.)

des devoirs du christianisme. Il doit posséder cette double science, celle du temps et celle de l'éternité, dans la plus parfaite plénitude possible.

Maîtres, vos élèves attendent cela de vous ; du moins, c'est leur droit de l'attendre, un droit qu'il est de votre devoir de satisfaire.

Pour cela, travaillez, étudiez, mettez tous vos soins à vous emplir de la connaissance de Dieu, des choses de Dieu, et des connaissances humaines, de cette science dont on fait aujourd'hui si grand cas. De l'une, comme de l'autre, on peut dire : « *Labia sacerdotis custodient scientiam*[1]. » Le prêtre qui néglige l'une ou l'autre de ces sciences n'est pas un véritable éducateur, ne prend pas les moyens de le devenir ; dès lors, il prive ceux qu'il est chargé d'élever de ce premier exemple de *la doctrine*, dont l'Esprit-Saint lui fait une particulière obligation : *præbe exemplum... in doctrina.*

2° *In integritate*[2]. Ce qu'on attend encore de vous, prêtres éducateurs, c'est l'intégrité d'une conduite et d'une réputation irréprochables ; c'est la sainteté de la vie démontrée par la régularité de vos mœurs. Vous êtes prêtres ; vous participez donc, par le choix que Dieu a fait de vous, par le caractère sacré dont vous avez été investis, par la sublimité et la sainteté de vos fonctions, vous participez à l'incomparable dignité de Celui dont vous êtes les ministres et qui est le Roi des

1. Les lèvres du prêtre garderont la science. (Malach., II, 7.)

2. *In integritate.* Rien ne prouve tant l'importance de ce conseil que la triste expérience de ce qui se passe autour de nous. Ne voyons-nous pas, en effet, que la vie relâchée de certains ecclésiastiques discrédite et fait mépriser leur ministère et occasionne des scandales. Si des hommes doués d'un esprit aussi brillant que remarquable désertent parfois les rangs de la sainte milice et se mettent en révolte contre l'Église, cette mère qui, dans son affectueuse tendresse, les avait préposés au gouvernement et au salut des âmes, leur défection et leurs égarements n'ont le plus souvent pour origine que leur indiscipline ou leurs mauvaises mœurs. (Lettre encyclique de S. S. Léon XIII.)

anges, le Dieu de pureté. Dès lors, comme tout en vous doit être pur, dégagé de tout alliage! Comme tout en vous doit être surnaturel et céleste, participant de la vie de l'esprit, étranger le plus possible à la vie des sens!

De plus, votre ministère a pour objet l'enfance et la jeunesse, c'est-à-dire cette portion de l'humanité la plus délicate et la moins atteinte par les inévitables souillures de la terre. Tous vos efforts, comme éducateurs et comme prêtres, toutes les surnaturelles industries de votre zèle doivent tendre à conserver en ces enfants et en ces jeunes gens que le Seigneur a confiés à votre vigilance, cette innocence, cette pureté de l'esprit, du cœur et des sens qui donne à leurs personnes un attrait si puissant. Il faut, pour cela, que tout en vous soit pur, car : *nemo dat quod habet*, et que vous soyez anges avec ces anges revêtus d'une forme humaine : *præbe exemplum... in integritate.*

3° Enfin *præbe exemplum in gravitate*[1]. Ce qui domine dans le monde, c'est la légèreté, l'absence de sérieux, l'amour de la frivolité. De plus en plus, c'est le mal envahissant, le mal régnant, la source de beaucoup d'autres maux.

Prêtres éducateurs, soyez graves, non de cette gravité de mauvais aloi, qui consiste à montrer un visage austère et des manières affectées et compassées, mais

1. *In gravitate.* Par gravité, il faut entendre cette conduite sérieuse, pleine de jugement et de tact qui doit être propre au ministre fidèle et prudent que Dieu a choisi pour le gouvernement de sa famille. Celui-ci, en effet, tout en remerciant Dieu d'avoir daigné l'élever à cet honneur, doit se montrer fidèle à toutes ses obligations, en même temps que mesuré et prudent dans tous ses actes ; il ne doit point se laisser dominer par de viles passions, ni emporter en paroles violentes et excessives ; il doit compatir avec bonté aux malheurs et aux faiblesses d'autrui, faire à chacun tout le bien qu'il peut, d'une manière désintéressée, sans ostentation, en maintenant toujours intact l'honneur de son caractère et de sa sublime dignité. (Lettre encyclique de S. S. Léon XIII.)

de cette gravité qui consiste à conserver toujours, avec tous et partout, un extérieur digne et honorable, qui rappelle à ceux avec qui l'on vit, qu'ils sont en présence, non d'un homme quelconque, mais de l'homme de Dieu, *tu autem, o homo Dei*[1], du représentant de Jésus-Christ, obligé d'être par vocation, « sel de la terre et lumière du monde[2]. »

Soyez graves dans vos paroles et vos discours, excluant toute bouffonnerie, toute facétie grossière, toute expression à l'usage exclusif du monde, d'un certain monde.

Soyez graves dans votre maintien, vos allures, vos manières, vos gestes; dépouillez-vous de plus en plus des restes de votre condition laïque primitive. Ayez horreur de ce genre mondain qui tend à pénétrer dans les rangs du clergé et qui est si opposé à la sainteté du caractère sacerdotal!

Soyez graves dans vos rapports publics et privés avec vos élèves, et ne vous laissez pas aller avec eux à une familiarité qui pourrait rapidement dégénérer en une camaraderie préjudiciable à votre dignité, au respect commandé par votre qualité de ministres de Dieu.

Ne vous faites pas illusion : malgré sa légèreté, sa mobilité, qui le feraient croire si superficiel, si peu attentif, l'enfant regarde, observe, étudie; tout au moins, il constate, il apprécie et juge ses maîtres. Il les admire ou les blâme, il les estime ou les méprise, selon qu'il voit en eux des hommes exemplaires ou bien des gens peu soucieux d'offrir en leur personne et en leurs œuvres cet exemple universel et constant dont parle l'apôtre saint Paul.

Dans le maître édifiant dont les paroles, les actes, la vie sont irréprochables, le bon écolier voit un modèle auquel il doit se conformer, autant qu'il lui est pos-

1. I Timoth., vi, 11. — 2. Matth., v, 13, 14.

sible, et le mauvais écolier un censeur, muet mais éloquent, de sa conduite, qui lui rappelle son devoir et lui reproche de le négliger.

Au contraire, l'insouciance de leurs maîtres à les édifier est un encouragement plus ou moins explicite et direct à leurs passions et aux dérèglements de leur nature mauvaise.

Mais les écoliers ne sont pas seuls à avoir les yeux ouverts sur votre vie ni seuls à la juger. Il y a encore le monde, et, dans le monde, les adversaires de la vérité, de la religion, du prêtre, de l'enseignement chrétien. Dans leur méchant désir de vous surprendre en faute et de pouvoir jeter sur vous le blâme et le mépris, ils observent votre conduite, ils épient et contrôlent vos moindres actes. Malheur à vous, prêtres éducateurs, si vous n'êtes pas sur tous les points irréprochables, inattaquables! Vous tomberez sous les coups de leur impitoyable critique, et votre ministère, déprécié comme vos personnes, sera compromis, et, par le fait même, celui des autres, en vertu du sophisme : *Ab uno disce omnes.*

Il faut donc, comme le recommande l'Apôtre, que l'adversaire n'ait rien de mal à dire sur votre compte : *Ut is qui ex adverso est nihil habens malum dicere de nobis,* et que personne, ami ou ennemi, ne soit ou ne se croie en droit de vous blâmer, encore moins de vous mépriser : *nemo te contemnat;* mais que, au contraire, tous soient obligés et forcés, au besoin, de rendre hommage à votre vie exemplaire, de s'incliner devant votre inattaquable dignité; que, tout au moins, ceux que leurs préventions, leur hostilité, leur haine, empêcheront d'aller jusque là n'osent jamais se permettre de porter atteinte à cette dignité : *Ut is qui ex adverso est vereatur.*

Prêtres éducateurs de la jeunesse, telle est l'influence et tel est le prestige que vous devez exercer autour de vous par le rayonnement et la force triomphante de votre vie exemplaire.

RÉPÉTITION DU SUJET PRÉCÉDENT

Rectorem te posuerunt? Noli extolli... Esto in illis tanquam unus ex ipsis. (Eccli., XXXII, 3.)

Nous avons dit plus haut le sens de ces paroles et l'enseignement qui s'en dégage. L'Esprit-Saint donne par elles aux éducateurs de la jeunesse et, en général, à ceux qui ont à commander, à gouverner, la grande et salutaire leçon de l'humilité, de l'abnégation dans l'exercice de l'autorité.

Mais ces paroles renferment une autre leçon qu'il sera utile de recueillir. Elles veulent encore dire que le supérieur, le maître, l'éducateur enfin, ne doivent point prendre prétexte de leur autorité pour se soustraire aux obligations communes et s'affranchir des devoirs qui incombent à tous, mais que, prêchant d'exemple, ils doivent s'y assujettir, tout les premiers, et ne différer en rien des autres, si ce n'est par une fidélité plus scrupuleuse à ces devoirs, à ces obligations.

Si, sous certains rapports, l'autorité est une distinction, un honneur, elle est, à tous les points de vue, une charge ou, ce qui revient au même, un honneur onéreux[1], c'est-à-dire grevé de nombreuses obligations.

La première et, sans contredit, la plus importante, consiste à donner l'impulsion à ceux sur lesquels on a autorité, et à pratiquer soi-même ce qu'on enseigne et ordonne.

C'est ainsi qu'en a agi le maître par excellence, Jésus-Christ, de qui il est dit : « *Cœpit Jesus facere et docere*[2]. »

Donc le *Nolli extolli* revient à dire : Maîtres éduca-

1. Honor onus.
2. Jésus commença par faire et par enseigner. (Act., I, 1.)

teurs, ne vous placez pas au-dessus de la loi ni en dehors des obligations communes. Soyez comme le dernier de vos subordonnés en ce qui concerne l'observation de ces obligations, de cette loi.

Qui ne comprend de quelle force persuasive et entraînante est l'exemple d'un maître, d'un supérieur surtout, fidèle observateur de la règle, des règlements de la maison dont il est le chef? Levé le matin avec les élèves, présidant les principaux exercices de la journée, constamment occupé des intérêts matériels et spirituels de ceux dont il a la charge, vivant auprès d'eux, avec eux et comme eux, un tel maître, un tel supérieur est une prédication continuelle et éloquente, d'abord pour les élèves qu'il exhorte et encourage à obéir, à s'assujettir à la discipline; puis aussi, pour les autres maîtres auxquels il apprend à être édifiants en l'étant lui-même[1].

Point n'est besoin, avec cela, d'être éloquent en paroles : *exempla trahunt*. La loi est aimée, honorée, observée, parce qu'elle est consacrée par l'exemple de ceux qui en doivent être les premiers observateurs.

Par contre, qui ne comprend le mal qui peut résulter, qui résulte inévitablement de l'inégalité des conditions dans l'observation de la loi et de la vie communes?

Un supérieur vivant en dehors de la règle, exception faite des cas où cette dérogation est légitimée et justifiée, enlève à la règle une grande partie de son autorité; il perd lui-même ou affaiblit notablement sa propre autorité; il scandalise ses sujets auxquels, qu'il le veuille ou non, il est en spectacle; il favorise l'irrégularité, le désordre, le relâchement; il introduit dans la maison qu'il devrait édifier des causes plus ou moins prochaines de ruine.

1. Neque ut dominantes in cleris, sed forma facti gregis ex animo. (I Petr., v, 2.)

Et nunc intelligite![1] Éducateurs, maîtres, supérieurs, rendez votre vie de tous points exemplaire, en réglant votre lever, votre travail, votre repos; en vivant habituellement là où vos fonctions vous réclament, loin des distractions et des relations mondaines, en vous identifiant avec ces enfants auxquels est consacrée votre vie[2], en vous absorbant dans ce saint et sublime ministère, si digne de toute votre sollicitude et de tout votre dévouement.

XI

AUTORITÉ ZÉLÉE ET APOSTOLIQUE

> Ego autem libentissime impendam, et superimpendar ipse pro animabus vestris[3].
> (II Cor., XII, 15.)

Toute l'âme du grand Apôtre se révèle en ce cri arraché par son amour envers les âmes et son immense désir de les gagner à Jésus-Christ.

L'éducation, nous l'avons dit plus haut, doit être pour le prêtre un moyen d'exercer son apostolat auprès des âmes, un ministère accepté et exercé en vue de la formation religieuse et surnaturelle de la jeunesse. Concevoir autrement l'éducation dénoterait chez le prêtre une complète inintelligence de ses fonctions.

La puissance que Dieu a mise entre les mains du prêtre éducateur, les grâces spéciales qu'il lui accorde, celui-ci doit les employer au bien de ceux qu'il a la mission d'élever.

1. Et maintenant, comprenez. (Ps. II, 10.)

2. Voilà ce qu'il faut être, quand on remplace un père et une mère. Il faut s'identifier avec les enfants, non seulement pour le travail, l'étude, la surveillance, la classe, mais pour tout le reste et dans tous les détails de leur vie écolière. Il faut jouer avec eux, prendre ses repas avec eux, prier, chanter avec eux, en un mot, être toujours avec eux. (Mgr Dupanloup, *De l'Education.* Tome III, Epilogue.)

3. Pour moi, je sacrifierai tout volontiers, et je me sacrifierai encore moi-même pour vos âmes.

Cette puissance peut s'appeler la puissance du bien dirigée par le zèle.

Le zèle c'est la préoccupation du bien, le désir, la poursuite du bien en ceux qu'on aime. L'amour véritable implique le zèle. *Qui non zelat, non amat. — Simon, diligis me? Pasce agnos meos*[1].

Pour l'amour de Jésus, pasteur et sauveur des âmes; pour l'amour des âmes dont les intérêts éternels vous ont été confiés, prêtres éducateurs, faites vôtre la devise de l'Apôtre : « *Ego autem libentissime impendam et superimpendar ipse pro animabus vestris.* »

Impendam. Les âmes coûtent cher. Elles ont coûté la vie et la mort d'un Dieu incarné. Pour conserver ces âmes, pour les attacher inviolablement à Jésus-Christ, pour affermir leur foi, leur espérance, leur amour envers Dieu, pour les sauver enfin, prêtres, donnez, donnez sans hésiter, sans calculer, donnez votre temps, votre vie tout entière; donnez les efforts de votre intelligence, les lumières de vos conseils, l'affection, le dévouement de vos cœurs, le secours de vos services, le réconfort de vos encouragements, l'appui de votre fidélité. Multipliez les libéralités de votre zèle jusqu'à en être prodigues, au besoin. Dites-vous, redites-vous sans cesse que vous devez à ces âmes tout ce que vous avez reçu de Dieu. A elles vos études, vos travaux et vos veilles; à elles vos prières et vos supplications ardentes; à elles vos pénitences et vos larmes; à elles votre liberté et votre repos; à elles tout ce dont vous pouvez disposer : *Impendam... pro animabus vestris.*

Et, comme si ce n'était pas assez de donner, pour ces âmes, ce qu'on a, l'Apôtre inspire de se donner encore soi-même, d'ajouter ce don suprême à tous les autres : *Et superimpendar ipse.* L'amour de Dieu,

1. Simon, m'aimes-tu? Pais mes agneaux. (Joan., XXI, 15.)

en effet, quand il s'est emparé puissamment d'une âme, la rend généreuse au point de la porter à se sacrifier tout entière en l'honneur de Celui qui, nous ayant aimés plus que lui-même, veut que nous l'aimions et que nous aimions les âmes de cette sorte.

Qu'importe, après tout, prêtres éducateurs, que vous vous épuisiez dans votre obscur et glorieux apostolat! Qu'importe que vous y usiez vos forces et que vous y perdiez la vie!... Ce faisant, vous n'aurez fait que votre devoir, vous n'aurez fait que suivre la voie du véritable amour; vous n'aurez fait que subir la loi que vous vous êtes librement imposée de vous dépenser tout entiers vous-mêmes pour les âmes : *Ego autem libentissime impendar ipse pro animabus.* — Vous n'aurez fait que mettre en pratique la recommandation de l'apôtre saint Jean et que reproduire l'exemple de votre divin Maître et Modèle : « *Quoniam ille animam suam pro nobis posuit, et nos debemus pro fratribus animas ponere*[1]. »

Prêtres éducateurs, poussez donc jusque-là les saintes ambitions de votre zèle. Et si vous voulez être à la hauteur de votre sublime mission, soyez résolus à faire, en vue des âmes, de ces âmes d'enfants et de jeunes gens, le don total, irrévocable, de ce que vous avez et de ce que vous êtes : *impendam et superimpendar ipse pro animabus.*

Ce don, faites-le spontanément, *libentissime*, joyeusement, sachant bien que Dieu n'accepte que les dons qui lui sont faits de la sorte. Faites-le sans repentance, à l'exemple même de Dieu qui ne reprend pas ce qu'il a donné[2], et qui récompense au centuple ce qu'on donne et abandonne pour lui[3].

1. Car il a livré pour nous son âme; et nous aussi, nous devons livrer notre âme et sacrifier notre vie pour nos frères. (I Joan., III, 16.)
2. Sine pœnitentia enim sunt dona... Dei. (Rom., XI, 29.)
3. Qui reliquerit... centuplum accipiet. (Matth., XIX, 29.)

RÉPÉTITION DU SUJET PRÉCÉDENT. — LES CONDITIONS OU QUALITÉS DU ZÈLE

Le zèle, pour être agréable à Dieu et utile aux âmes, doit réaliser certaines conditions et présenter certaines qualités.

Énumérons ces conditions, ces qualités.

1° *Zèle surnaturel*, dans ses motifs et dans sa fin, comme aussi dans ses moyens. *Per Ipsum, cum Ipso et in Ipso*[1]. Il doit s'inspirer de la volonté de Dieu, des intérêts et de la gloire de Dieu, s'exercer sous l'influence de son esprit et de sa grâce, en union avec ses désirs, en conformité avec ses desseins, dans la seule vue de sa gloire. *Zelo zelatus sum pro Domino Deo*[2].

Que tout ce que l'on fait, au point de vue intellectuel et moral, tende uniquement à établir dans l'âme de ces enfants et de ces jeunes gens le règne de Dieu et à former en eux Jésus-Christ, *donec formetur Christus in vobis*[3].

2° *Zèle sage et éclairé*[4], ne voulant que ce qui est possible et réalisable, s'inspirant, par conséquent, des be-

1. Par Lui, avec Lui, et en Lui.

2. J'ai été consumé de zèle pour le Seigneur mon Dieu. (III Reg., XIX, 10.)

3. Jusqu'à ce que le Christ soit formé en vous. (Galat., IV, 19.)

4. « Souvenez-vous avant toute chose que, pour être profitable au bien et digne d'être loué, le zèle doit être accompagné de discrétion, de rectitude et de pureté. » Ainsi s'exprime le grave et judicieux Thomas a Kempis : « Zelus animarum laudandus est si sit discretus, rectus et purus. » Avant lui, saint Bernard, la gloire de votre pays au XIIe siècle, cet apôtre infatigable de toutes les grandes causes qui touchaient à l'honneur de Dieu, aux droits de l'Église, au bien des âmes, n'avait pas craint de dire que « séparé de la science et de l'esprit de discernement ou de discrétion le zèle est insupportable... que plus le zèle est ardent, plus il est nécessaire qu'il soit accompagné de cette discrétion qui met l'ordre dans l'exercice de la charité et sans laquelle la vertu

soins et des aptitudes de ceux envers qui le zèle doit s'exercer, n'exigeant point d'eux une perfection immédiate, pas plus qu'une perfection hors de leur portée.

Travailler à rendre meilleurs ces enfants et ces jeunes gens, à rectifier ce qu'il y a de défectueux dans leur caractère, leurs tendances, leurs habitudes, à les prémunir contre les excès, même dans l'exercice du bien, contre les entraînements d'une ferveur indiscrète, en un mot, à faire d'eux des hommes sérieux et de solides chrétiens.

Savoir choisir le moment favorable pour une observation, un conseil, un reproche ; y apporter, en vue du profit, la modération, la discrétion, les ménagements réclamés par le tempérament, le caractère des divers sujets qu'il s'agit de former ; c'est en cela que consiste et de cette façon que s'exerce le *zèle sage et éclairé.*

3° *Zèle humble et impersonnel,* n'affectant aucun air de supériorité, de domination, ne se froissant ni s'offensant des opposions qu'il rencontre, des rebuts auxquels il se heurte, *licet plus vos diligens, minus diligar*[1] ; toujours prêt à accueillir avec bonté, paternité, toujours incliné vers l'indulgence et la clémence.

Ce n'est qu'ainsi qu'on fait du bien et que le zèle est profitable, non seulement à ceux envers lesquels il s'exerce, mais encore à ceux qui l'exercent.

A côté de ce zèle, comme une contre-façon du zèle vé-

elle-même peut devenir un défaut et un principe de désordre. » « Importabilis siquidem absque scientia est zelus... Quo igitur zelus fervidior ac vehementior spiritus, profusiorque charitas, eo vigilantiori opus scientia est quæ zelum supprimat, spiritum temperet, ordinet charitatem. Tolle hanc (discretionem) et virtus vitium erit, ipsaque affectio naturalis in perturbationem magis convertetur exterminiumque naturæ. (S. BERN. Serm. XLIX in Cant. n. 5). » (Lettre encyclique de S. S. Léon XIII aux archevêques, évêques et au clergé de France, 8 septembre 1899.)

1. II Cor., XII, 15.

ritable, il y a un zèle naturel et inconsidéré, impétueux, impatient et brouillon qui, du premier coup veut obtenir ce qu'il rêve, qui s'irrite des difficultés, des retards, et qui, les rencontrant, se dépite, se décourage ; — un zèle amer qui frappe et condamne impitoyablement quiconque n'est pas dans la perfection et n'observe pas exactement tous les points de la loi ; — un zèle vain et vaniteux, qui n'a d'autre mobile que la satisfaction personnelle, la recherche du succès, le désir de paraître, de s'attirer l'estime, l'admiration humaine : zèle faux et illusoire, incapable de produire aucun bien, capable seulement de produire la confusion et le désordre, d'entretenir dans les cœurs la défiance, le découragement, le dégoût de tout ce qui mène au bien.

Prêtres éducateurs, animez-vous, remplissez-vous d'un vrai zèle, de celui qui, ne voyant que Dieu à glorifier et les âmes à sanctifier, s'exerce dans l'humilité, l'abnégation, la douceur, en un mot, dans l'esprit même de Jésus-Christ, dont vous êtes les ministres et dont vous devez être les imitateurs fidèles.

QUATRIÈME PARTIE

LES ÉPREUVES ET LES GLOIRES DU PRÊTRE ÉDUCATEUR

I

LES ÉPREUVES

I. — L'ENSEMENCEMENT DES AMES.

Euntes ibant, et flebant, mittentes semina sua [1].
(Ps. cxxv, 7.)

Ce que le Prophète royal disait du peuple juif, en résumant les années de sa dure captivité à Babylone, peut être dit de vous, prêtres éducateurs de la jeunesse.

Que faites-vous, en somme, et quelle est votre principale fonction dans ce ministère de l'éducation auquel le Seigneur a daigné vous appeler ? Vous semez, vous êtes des semeurs.

Que sont, en effet, ces âmes d'enfants, de jeunes gens confiées par Dieu à vos soins ? Elles peuvent être comparées à des terres en friches, ou, du moins, à des terres que la rosée vivifiante de la grâce baptismale à préparées à un ensemencement surnaturel.

C'est à vous à jeter la semence en ces terres. Déjà, il est vrai, des parents prévoyants et chrétiens, y ont déposé une première semence, celle des notions élémentaires, des principes fondamentaux, des rudiments indispensables. A ce premier travail d'ensemencement intellectuel et moral doit s'en ajouter un autre, plus complet, plus directement destiné à préparer la moisson, c'est à-dire la formation de l'homme, du chrétien.

1. Ils s'en allaient et pleuraient en jetant leurs semences.

Ce travail, Dieu vous l'a confié et, avec Dieu, les pères et les mères de ces enfants dont l'avenir dépend, en grande partie, de vous. Dans ces terres, dans ces âmes d'enfants, vous devez faire tomber vos semences, *semina sua*, celles dont vous avez reçu personnellement le dépôt et la dispensation : semences de vérité, semences de vertu, semences de vie chrétienne.

Comme instituteurs, vous devez à ces enfants la semence de la science. C'est leur personnel devoir de la cultiver, de la faire germer et fructifier; mais c'est le vôtre de la déposer en leur intelligence.

Comme éducateurs, honorés du caractère sacerdotal, vous devez déposer dans leur cœur toutes les bonnes semences destinées à produire l'amour de Dieu, l'amour du devoir, l'amour de l'obéissance, l'amour de la pureté, en un mot, l'amour du bien et de la vertu.

Or ce travail d'ensemencement, qui est votre devoir en même temps que votre gloire ; ce travail que vous devez accomplir d'un cœur joyeux, en vue de la moisson future, devient trop souvent, par la faute de l'homme, un travail ardu et pénible, une lourde et douloureuse épreuve. Pourquoi ? Est-il nécessaire de le dire ? Ne savez-vous pas, mieux que personne, ô prêtres du Seigneur, que les terres auxquelles doivent être confiées toutes ces semences, ne sont pas, ordinairement, des terres actives et fécondes, ne demandant, pour ainsi dire, qu'à s'ouvrir pour s'enrichir du grain que jette en elles, par vos mains, le divin Semeur ?

Trop souvent hélas ! les folles herbes des vains désirs les ont envahies, quand ce ne sont pas les ronces de passions précoces. Que va devenir la bonne semence tombant sur ce terrain épineux ? Ou bien déjà la terre est durcie, pierreuse, et oppose de la résistance à la semence qu'on veut lui confier ; ce cœur d'enfant égoïste ne sait déjà plus s'ouvrir à une bonne inspiration, à un désir généreux. Ou bien la légèreté de son esprit l'empêche de s'appliquer à l'étude, de profiter des enseignements qui lui sont donnés, de faire des progrès dans la science, de garder une impression durable des pensées sérieuses proposées à ses réflexions... Les oiseaux du ciel, les pensées vaines et frivoles, auront tôt fait d'emporter une semence restée à la surface du sol sur lequel elle sera tombée.

Hélas! trop souvent la semence destinée aux intelligences, et surtout celle destinée aux âmes, cette si précieuse semence dont la valeur est au-dessus de tout prix, est perdue, compromise, étouffée, condamnée à demeurer stérile... Voilà la grande épreuve du prêtre éducateur, qui a vraiment à cœur la mission dont le Seigneur l'a honoré et investi.

Euntes ibant et flebant, mittentes semina sua. Et ces semences, qui trouvent souvent de si grands obstacles dans l'opposition qu'elles rencontrent de la part des intelligences et des âmes, sont aussi compromises, arrêtées dans leur germination, par celui que l'Évangile nomme *inimicus homo*, et qui n'est autre que Satan, l'ennemi de tout bien. Il vient, pendant la nuit, car il est l'esprit de ténèbres, et tandis que l'homme de Dieu, le prêtre éducateur se repose, attendant que la bénédiction du ciel vienne féconder son labeur et faire fructifier les bonnes semences qu'il a confiées, au nom du Seigneur aux terres des jeunes âmes, l'homme ennemi jette la zizanie, le mauvais grain, les semences de paresse, d'indiscipline, de désirs mondains, d'amour du plaisir, qui étouffent le bon grain et compromettent la moisson espérée [1]. Oh! la douloureuse épreuve pour le cœur d'un éducateur véritable!...

1. Simile factum est regnum cælorum homini qui seminavit bonum semen in agro suo. Cum autem dormirent homines, venit inimicus ejus et superseminavit zizania in medio tritici, et abiit. Cum autem crevisset herba et fructum fecisset, tunc apparuerunt et zizania. (Matth., XIII, 24-26.)

Et pourtant, il faut semer : *euntes ibant... mittentes semina sua..*, et vous soumettre d'avance à cette épreuve et accepter courageusement toutes les appréhensions et les angoisses qui l'accompagnent.

Le laboureur qui jette son grain dans le sillon qu'a creusé sa charrue se demande avec anxiété, presque avec effroi, ce que ce grain deviendra une fois confié à la terre ; si la gelée n'en fera point périr le germe ; si le vent, la grêle, quelque ouragan, quelque incendie, ne viendront pas ravager son champ et anéantir, en un instant, avec la moisson jaunissante, ses espérances les plus chères, le fruit attendu de tous ses labeurs[1].

Mais, si légitimes que soient ces anxiétés et ces craintes, elles n'ont, en somme, pour objet qu'un intérêt terrestre et temporel ; tandis que lorsqu'il s'agit des âmes, du sort éternel des âmes, du salut ou de la perte des âmes, combien plus légitimes, plus augustes, plus saintes sont les préoccupations, les appréhensions, les alarmes !

Toutefois, prenez garde, ouvriers du Seigneur, prêtres éducateurs de la jeunesse, prenez garde que ces craintes ne se confondent avec la défiance et ne dégénèrent en découragement.

Prenez garde que, à force de vous demander ce que deviendront vos semences, et de dire : à quoi bon semer, si la semence doit périr? vous ne négligiez de semer.

Euntes ibant ! Allez donc, et semez quand même, sachant bien que si c'est vous qui semez, c'est le Seigneur qui donne à la semence, fécondité et accroissement[2].

1. Seminans enim ordinarie in lacrymis seminat, id est cum dolore et gemitu, quia cogitur triticum suum projicere in terram, neque scit an unquam illud recuperabit, ac proinde videtur laborare et fatigari ut opes suas amittat. (Bellarm., Comment. in Psalm. loc. cit.)

2. Ego plantavi, Apollo rigavit : sed Deus incrementum dedit. (I Cor., III, 6.)

Et flebant! D'ailleurs, vos larmes, c'est-à-dire vos efforts, vos sacrifices, en un mot, tout ce qui coûte à la nature, tout ce qui fait souffrir le cœur et affecte l'esprit; vos larmes, dis-je, sont comme la rosée qui pénètre la terre endurcie et résistante des âmes et qui rendra tôt ou tard la semence féconde.

II. — L'ENFANTEMENT DES AMES

> Mulier, cum parit, tristitiam habet, quia venit hora ejus... Et vos igitur, nunc quidem tristitiam habetis[1]. (Joan., XVI, 21, 22.)

L'œuvre de l'éducation de la jeunesse est une sorte d'enfantement spirituel, offrant de nombreux points de ressemblance avec l'enfantement naturel.

Ce dernier s'effectue dans la douleur; le fruit qui en résulte est le produit d'un sacrifice dans lequel l'âme entre en participation, tout aussi bien que le corps. Tristesse, angoisses, sombres appréhensions, terreurs mortelles, larmes, souffrances, tortures déchirantes : c'est à ce prix que la femme conquiert la gloire de la maternité, laquelle, en élevant la dignité de son sexe, lui donne un droit particulier au respect et à la reconnaissance des hommes.

Prêtres éducateurs, votre mission est d'enfanter à la société une génération qui lui fasse honneur, à l'Église des enfants qui la servent, la défendent et l'aiment. Oh! la belle et sublime mission! Combien elle vous confère de droits au respect et à la reconnaissance de la société et de l'Église!

Mais aussi que cette mission est laborieuse! et qu'il en coûte, surtout à l'heure actuelle, de former des jeunes gens chrétiens!

1. La femme, lorsqu'elle enfante, a de la tristesse, parce que son heure est venue... Et vous aussi, vous avez maintenant de la tristesse.

Nul ne le sait mieux que vous, puisqu'il vous est donné de pénétrer plus profondément que personne dans ce monde mystérieux, tout composé de contradictions, d'illusions, de passions, qui se nomme le cœur du jeune homme.

En vous donnant des cœurs de mères, Dieu vous a aussi gratifiés de la clairvoyance, de la pénétration des mères. Et ce qui parfois échappe à l'œil de ces dernières, n'échappe point au vôtre, si merveilleusement adapté à l'investigation des âmes.

Que d'efforts pour arriver à rendre ces âmes souples et dociles; pour les assujettir au devoir; pour les dégager de l'attirance du monde sensible; pour les élever vers les régions du monde surnaturel! Que de labeur, que de souffrances de tout genre pour faire d'elles des âmes chrétiennes!

Véritable travail d'enfantement, *cum parit!* avec le cortège inévitable de préoccupations, de veilles, de craintes, d'alarmes, de mécomptes, de déceptions, qui oppriment, pressurent, torturent : véritable martyre de l'âme, si ce n'est pas un martyre du corps.

Mais, de même que, pour la femme, la stérilité serait une douleur plus vive, une torture plus déchirante que l'enfantement; de même, prêtres éducateurs, vous qui avez reçu de Dieu la grâce d'engendrer des âmes, serait-ce pour vous une épreuve sans pareille, de demeurer stériles dans votre glorieuse mission d'éducateurs[1].

1. Un jeune prêtre, à l'âme éminemment apostolique, l'abbé Henri Perreyve, écrivait à un de ses amis, prêtre comme lui : « Ne sais-tu pas, cher ami, que c'est pour une femme une douleur très vive de demeurer stérile? Il y a dans tout son cœur et dans tout son être une immense ardeur sans objet, une immense force inappliquée. Ses bras cherchent, malgré elle, l'enfant qu'ils devraient serrer; son sein attend douloureusement la frêle vie qui devrait y puiser des forces; sa bouche dit, malgré elle : « mon enfant, mon fils! » C'est un instinct plus fort que la mort... Cet instinct-là est encore plus fort dans le cœur du prêtre... Il y a dans notre cœur une force accumulée d'amour qui a

Dès lors, il faut vouloir et savoir accepter les souffrances au prix desquelles s'achète cette auguste maternité.

Courage donc, éducateurs, vous dont le nom implique l'idée de sortie, de mise en lumière, après une réclusion pénible et, par conséquent, est synonyme d'enfantement [1], courage !

N'oubliez pas que toute œuvre importante, toute entreprise dans laquelle sont engagés de graves intérêts, comporte nécessairement des sacrifices. Tout s'engendre ici-bas dans la douleur et dans les larmes.

Le Sauveur Jésus n'a-t-il pas dû souffrir [2] pour engendrer les âmes à la vie surnaturelle ? Vous étonneriez-vous, après cela, prêtres de Jésus, et comme lui, sauveurs, générateurs des âmes, vous étonneriez-vous, vous plaindriez-vous d'avoir à souffrir, vous aussi, pour communiquer à ces âmes une vie qui a coûté la vie même d'un Dieu ?

Et vos igitur, nunc quidem tristitiam habetis... Venit hora ! C'est maintenant l'heure de la tristesse, du labeur, de la souffrance ; l'heure de souffrir cette « pressure », dont parle le texte sacré...

Plus tard, ce sera l'heure de la joie et de la délivrance, l'heure de la gloire et du triomphe. En attendant, il faut acheter cette joie et cette gloire en engendrant dans la douleur [3].

besoin de s'épancher sur ceux que Jésus-Christ nous donnera. C'est l'heure qui est venue de la paternité spirituelle, et je ressens toute l'ardeur de ses désirs. » (*Lettres à un ami d'enfance*, p. 298-299, p. 201.)

1. C'est bien là, en effet, la signification logique du mot latin *educere*.
2. Nonne hæc oportuit Christum pati ? (Luc., xxiv, 26.)
3. In dolore paries. (Gen., iii, 16.)

III. — L'INGRATITUDE.

Ingratus sensu, derelinquet liberantem se[1].
(Eccli., xxix, 22.)

Ces paroles de nos Livres sacrés pourraient être appliquées à la généralité des chrétiens, pour qualifier leur conduite à l'égard de Jésus-Christ. C'est par Jésus-Christ qu'ils ont été sauvés de la mort éternelle et délivrés du péché qui la leur avait méritée. On sait ce que cette délivrance a coûté à leur libérateur et sauveur... Les ingrats ! au lieu de lui être attachés et fidèles, ils s'éloignent de lui et vivent séparés de lui : *Ingratus sensu, derelinquet liberantem se !*

Prêtres éducateurs, le même sort vous attend. Vous aussi, vous êtes, par mission, des *libérateurs*. Votre office est d'affranchir les intelligences des liens de l'ignorance; les cœurs des liens de l'égoïsme et des affections coupables; les volontés des liens des passions mauvaises et des habitudes vicieuses; les consciences des liens et de la servitude du péché; les âmes des mille liens qui les retiennent attachées aux choses passagères d'ici-bas.

Certes, ce que vous faites là mérite qu'on l'apprécie, et que ceux qui en sont les objets vous en témoignent leur reconnaissance.

Sans doute, parmi les générations d'écoliers auxquels vous vous serez dévoués, il s'en trouvera dont le cœur sera assez bien fait pour conserver le souvenir de ce dévouement et pour vous rester fidèlement attachés. Mais combien d'autres — ce sera peut-être le plus grand nombre — ne compteront pour rien ce que vous aurez fait pour eux, se disant qu'après tout, vous étiez tenus à le faire ! Combien d'autres, parvenus au terme de leurs

1. L'ingrat de cœur abandonnera son libérateur.

études, s'éloigneront à tout jamais de vous, de corps, d'esprit et de cœur !

Peut-être ne répudieront-ils pas entièrement les principes chrétiens de leur première jeunesse ; peut-être n'en abandonneront-ils pas immédiatement les pratiques religieuses. Mais, même parmi ceux-là, combien demeureront ce qu'ils auraient dû ne jamais cesser d'être : des disciples et des fils reconnaissants ?

Les circonstances permettront peut-être que l'enseignement catholique soit, dans un prochain avenir, l'objet de tracasseries encore plus mesquines, de vexations encore plus odieuses, de persécutions encore plus haineuses que dans le passé, de la part des adversaires officiels de la vérité et de la vertu. Ce sera l'occasion pour ceux qui bénéficièrent de cet enseignement, de prendre fait et cause pour lui et de se constituer les défenseurs de leurs anciens maîtres et des principes que ceux-ci représentent. Hélas! que d'abstentions se produiront ! Combien peu oseront se lever et combattre pour une cause qui devrait leur être chère ! Et vous vous verrez abandonnés par ceux qu'au prix de tant de travaux, de dévouement, de sacrifices, vous aurez aidés à prendre un rang honorable dans la société.

Qui sait même si, parmi ceux qu'aura favorisés la fortune ou le crédit, et qui seront parvenus au sommet des sphères sociales, là où s'élaborent et s'édictent les lois, il ne s'en trouvera pas aussi d'assez injustes et d'assez ingrats pour combattre directement l'enseignement et l'éducation catholiques et pour coopérer à en paralyser, si ce n'est à en supprimer, l'action salutaire[1]...

1. N'est-ce pas, hélas ! ce que nous voyons à l'heure actuelle? Combien, parmi les représentants du pays, qui siègent au Parlement et votent les lois oppressives de la liberté religieuse et de l'enseignement catholique, ont fait leurs études, en totalité ou en partie, dans des établissements dirigés par des religieux ou des prêtres ! Longue serait la liste de ceux qui ont reçu une éducation chrétienne.

« Le serviteur n'est pas au dessus de son maître [1]. » Vous serez donc, comme lui, en butte à l'ingratitude de ceux que la reconnaissance devrait vous rendre si dévoués. Ils vous abandonneront, *noti mei quasi alieni recesserunt à me; dereliquerunt me propinqui mei* [2]; ils vous oublieront et ne garderont aucun souvenir de vos soins, de votre dévouement : *obliti sunt mei; — oblivioni datus sum tanquam mortuus a corde* [3]; ils vous mépriseront peut-être, tout au moins, mépriseront-ils vos méthodes, consacrées par l'expérience des siècles; *filios enutrivi et exaltavi : ipsi autem spreverunt me* [4]; ils pousseront même l'ingratitude jusqu'à s'élever contre vous et vous persécuter, vous et tous ceux qui, comme vous, se sont voués à l'éducation de la jeunesse : *Insurrexerunt in me* [5]. *Inique persecuti sunt me* [6]. Fils ingrats et dénaturés, indignes disciples des plus respectables maîtres!

A l'exemple du divin modèle, soumettez-vous d'avance à cette épreuve, vous taisant, comme lui, et, comme lui, priant pour ceux qui vous persécutent. *Obmutui, et humiliatus sum, et silui... Obmutui et non aperui os meum* [7]. — *Orate pro persecutoribus et calumniantibus vos* [8].

Qu'importe, après tout, que vos bienfaits soient méconnus! Qu'importe que les hommes n'apprécient pas ce que vous faites! Celui qui sonde les cœurs et qui

1. Matth., x, 24.
2. Mes amis, comme des étrangers, se sont retirés de moi; mes proches m'ont abandonné. (Job., xix, 13-14.)
3. Ceux qui me connaissaient m'ont oublié. (Id., 14.) — J'ai été mis en oubli comme un mort effacé du cœur. (Ps. xxx, 12.)
4. J'ai nourri des fils et je les ai élevés; mais eux m'ont méprisé. (Ps. i, 2.)
5. Ils se sont levés contre moi. (Ps. xxvi, 12.)
6. Ils m'ont persécuté méchamment. (Ps. cxviii, 86.)
7. Je me suis tu, et j'ai été humilié, et j'ai gardé le silence... Je me suis tu et je n'ai pas ouvert la bouche. (Ps. xxxviii, 3, 10.)
8. Priez pour ceux qui vous persécutent et vous calomnient. (Matth., v, 44.)

juge les œuvres, non d'après leur éclat ni d'après leurs résultats extérieurs, mais selon leur valeur intrinsèque et les intentions qui les inspirent, saura, lui, n'être pas ingrat ; il saura apprécier vos généreux efforts, vos soins dévoués, votre labeur persévérant, et les récompenser dans la mesure de vos mérites[1].

IV. — L'INSUCCÈS.

> Et ego dixi : in vacuum laboravi, sine causa, et vane fortitudinem meam consumpsi : ergo judicium meum cum Domino, et opus meum cum Deo meo[2]. (Is., XLIX, 4.)

L'une des épreuves les plus douloureuses à la nature est celle de l'insuccès. Avoir beaucoup travaillé, s'être dévoué et dépensé sans compter, par un dévouement de tous les jours et de toutes les heures, et n'aboutir à rien ; ne pouvoir constater aucun résultat sensible ; n'est-ce pas une des déceptions les plus amères au cœur de l'homme ?

Cette épreuve est l'une de celles auxquelles un prêtre éducateur peut et doit s'attendre dans une certaine mesure et sous certains rapports. Son ministère, plus qu'un autre, l'expose à ne pas voir toujours ses efforts couronnés de succès. De nombreuses causes expliquent cette inefficacité de son zèle sur certaines natures d'écoliers.

Pour n'en indiquer que quelques-unes, citons, en premier lieu *l'influence du milieu social*, ou, si l'on préfère, *l'influence de la société actuelle*.

Il n'est point rare qu'un enfant que ses parents placent dans une maison d'éducation chrétienne y apporte les

1. Pater tuus qui videt in abscondito reddet tibi. (Matth., VI, 6.)

2. Et j'ai dit : C'est dans le vide que j'ai travaillé ; c'est sans motif et vainement que j'ai consumé ma force ; mon jugement est au pouvoir du Seigneur et mon travail au pouvoir de Dieu.

idées du siècle, les préjugés du monde. A le bien considérer, ce n'est plus un *enfant*, dans le vrai sens du mot, car son âme est déjà envahie ou, pour le moins, atteinte par le doute ; son cœur s'est ouvert, et de bonne heure, hélas ! à des désirs, des ambitions, des affections qui, comme des germes malfaisants, ont gâté ce cœur à un âge où il devrait être encore si pur !...

Voilà, souvent, à quelle sorte d'âmes vous avez à faire, prêtres éducateurs, et quelle influence vous avez à combattre en elles. Oh ! la rude tâche que celle qui consiste à rectifier des idées, des tendances, des goûts, des habitudes, et à tourner vers Dieu, vers la vérité, vers le bien, vers la vertu, des esprits, des cœurs, des volontés que le monde a commencé à séduire ! Et, en supposant que les efforts de votre zèle viennent à être couronnés de succès et que, à force de vigilance, de sollicitude, d'action discrète et persévérante, vous parveniez à exercer une influence réelle sur ces âmes si chères ; souvent le temps des vacances, passé dans un nouveau contact avec le monde, suffira pour tout compromettre et pour rendre inutile le travail de toute une année.

Et lorsque l'enfant sera devenu jeune homme et, qu'ayant quitté le collège, il fera son entrée définitive dans le monde, alors même qu'il se serait conservé, jusque là, dans l'intégrité de sa foi et de ses mœurs, « la première liberté, les premières amorces des passions mauvaises, les premières hontes du respect humain, les premières déclarations d'un monde qui se croit d'autant plus sage, qu'il est moins religieux, voilà bien des puissances liguées contre une volonté de vingt ans ! Ajoutez à cela les pièges tendus, les mauvais conseils de l'intérêt, et vous comprendrez sans peine que votre œuvre est soumise aux plus redoutables risques d'insuccès [1]. »

1. Abbé Guibert : *L'Éducateur apôtre*, 1re partie, II, *Les obstacles*, p. 122-123. Je n'ai fait, du reste, dans ce paragraphe, que résumer le chapitre indiqué.

Un autre obstacle au succès de votre ministère auprès de la jeunesse vient de *la famille*. Hélas! les familles chrétiennes, dans toute l'acception du mot, deviennent de plus en plus rares. La plupart des foyers sont infectés par l'esprit d'incrédulité, de doute ou, tout au moins, d'indifférence religieuse; l'amour du monde, de ses plaisirs, de ses fêtes, y règne en souverain. Comment l'exemple des parents n'exercerait-il pas sur les enfants une influence plus ou moins funeste? et comment s'étonnerait-on que la vie religieuse du collège chrétien où, par un inexplicable illogisme, de tels parents, assez souvent, placent leurs fils, soit à charge à ces derniers, et que les pratiques de piété leur soient un fardeau dont il leur tarde d'être débarrassés ?

Il n'est pas rare, d'ailleurs, que les familles dont nous parlons, élèvent leurs enfants d'une façon molle et faible. Habitués à voir tous leurs caprices satisfaits, ces enfants s'accommodent mal avec la discipline du collège; leur volonté rétive et insoumise cherchera perpétuellement à se soustraire à toute autorité, à toute règle, à toute obéissance. Peut-être subira-t-elle le joug disciplinaire, sans que le cœur s'affectionne jamais au devoir imposé, sans que la conscience incline à l'acceptation de ce joug, fait pour entraver une nature impatiente de liberté.

Enfin une troisième cause d'insuccès provient de *l'enfant lui-même*, de ses tendances, de ses passions qui, à mesure qu'il grandit, demandent, ou plutôt réclament impérieusement d'être satisfaites. Amour de l'indépendance, amour du repos, amour du plaisir : autant d'obstacles que rencontrent la loi de l'obéissance, la loi du travail, la loi de la répression des sens. Pauvre cœur d'adolescent, ouvert à tant de désirs insensés, à tant d'aspirations indiscrètes et dangereuses : qui donc pourra le garantir des excès auxquels la fougue et l'inexpérience de son âge l'exposent, s'il ne consent pas à s'ouvrir, à se confier, à se laisser gouverner et façonner par celui qui en a reçu la grâce et la mission de Dieu ?

Hélas ! trop nombreux sont les jeunes hommes qui, voulant demeurer maîtres de leur esprit, de leur cœur et de leur volonté, s'exposent au danger de rendre ces facultés esclaves des illusions les plus funestes, coupables des défections et des égarements les plus lamentables.

Trop nombreux sont les jeunes hommes qui, après avoir grandi sous la douce et salutaire influence de la religion, après avoir été élevés dans les principes du plus pur christianisme, passent le reste de leur vie dans un éloignement absolu de toute pratique religieuse, et n'ont plus rien de chrétien que le nom !

Joignez à ces causes d'insuccès provenant de l'enfant, du jeune homme, cette autre cause, hélas ! si commune : la faiblesse des volontés, l'absence de caractère. La mollesse excessive de l'éducation première empêche l'enfant, a mesure qu'il grandit, de réprimer ses tendances défectueuses, de donner la préférence au devoir sur le plaisir ; sa volonté, énervée par le bien-être des sens, par la précocité des habitudes vicieuses, devient incapable de tout effort sérieux, généreux, continu ; elle ne sait plus que céder aux implacables exigences des instincts mauvais...

Dès lors, n'est-ce pas à bon droit, prêtres éducateurs, qu'à la vue ou seulement à la pensée de ce douloureux insuccès auprès de ceux dont vous fûtes ou êtes les maîtres et les pères, ces paroles du prophète pourraient se placer sur vos lèvres, comme la traduction fidèle de la déception, du découragement de vos cœurs : « *Et ego dixi : in vanum laboravi, sine causa, et vane fortitudinem meam consumpsi !* C'est donc en vain que nous travaillons, en vain que nous épuisons, à cet ingrat labeur de l'éducation chrétienne, tout ce qu'il y a en nous de vigueur physique, intellectuelle et morale ? N'est-ce donc pas travailler en pure perte, et dès lors, vaut-il la peine que nous nous consumions ainsi pour n'aboutir qu'à l'insuccès ?

Oui, oui, il en vaut la peine. Dieu, pour qui vous travaillez, en vaut la peine; la religion, dont vous servez les intérêts, en vaut la peine ; les âmes, en vue desquelles vous vous consumez, en valent la peine. Est-ce que, pour elles, Dieu n'est pas descendu du ciel ? Pour elles, ne s'est-il pas fait homme? Pour elles n'a-t-il pas travaillé à la sueur de son front? Pour elles n'a-t-il pas souffert et n'est-il pas mort ? Il est venu les sauver *toutes*... Toutes pourtant n'ont pas voulu être sauvées. Beaucoup ont repoussé le salut qu'il leur offrait. Pouvez-vous dire ou seulement penser que Dieu a mal fait de se faire homme, qu'il a mal fait de travailler, de souffrir et de mourir pour tous les hommes ?...

Ce que vous n'oseriez ni dire ni penser de lui, ne le dites pas, ne le pensez pas de vous-mêmes ; car, ô prêtres du Seigneur, par votre caractère et votre mission, vous devez être, vous êtes d'autres Christs.

Au lieu donc de vous laisser abattre par le découragement, pénétrez-vous du sentiment d'invincible confiance qui faisait dire à l'apôtre saint Pierre : « *In verbo tuo laxabo rete*[1], » et au prophète Isaïe : « *Ergo judicium meum in Domino, et opus meum cum Deo meo*[2]. »

Oui, prêtres, ouvriers de Dieu, éducateurs de la jeunesse, le Seigneur, qui est le juge suprême et, à vrai dire, unique, voit vos efforts, vos labeurs, vos sacrifices ; il les juge et les apprécie à leur valeur : remettez-vous-en donc à son jugement équitable : *ergo judicium meum a Domino*. Travaillez, dévouez-vous pour lui et pour les âmes qu'il aime et veut sauver. Offrez-lui, consacrez-lui toutes vos œuvres : *et opus meum cum Domino;* et soyez convaincus, inébranlablement convaincus qu'alors même que votre ministère serait sans résultat apparent, que les efforts de votre zèle seraient stériles devant les

1. Sur votre parole, je jetterai mon filet. (Luc., v, 5.)
2. Is. XLIX, 4.

hommes, ils ne le seraient pas devant Dieu : « *Itaque fratres mei dilecti, stabiles estote, et immobiles : abundantes in opere Domini semper, scientes quod labor vester non est inanis in Domino*[1]. »

V. — LA PERTE DES AMES.

Quos educavi et enutrivi, inimicus meus consumpsit eos[2]. (Jer., Thr., II, 22.)

Voilà l'épreuve redoutable entre toutes pour le prêtre éducateur de la jeunesse : la stérilité de ses efforts, ou, du moins, ses efforts entravés, compromis, annihilés, par l'action néfaste et meurtrière de « l'ennemi ; » la perte des âmes qu'il avait voulu engendrer à la vie surnaturelle, des âmes qu'il avait entourées et comblées de toutes sortes de soins.

Cette épreuve n'est point rare ; elle est même, hélas ! très fréquente, à l'heure actuelle, où tant de causes et d'agents de perdition conspirent contre la vie des âmes, surtout des jeunes âmes.

Inimicus ! C'est l'ennemi qui contrecarre ainsi et paralyse l'action salutaire du prêtre. *Inimicus*, c'est l'ennemi en général ; tout ce qui, de loin ou de près, peut porter atteinte à la vie surnaturelle de cette jeunesse si exposée, par son inexpérience, sa faiblesse, ses illusions, ses imprudences, ses passions, aux coups de la mort spirituelle.

Inimicus, c'est, en particulier, Satan, l'ennemi de tout bien, l'ennemi du souverain Bien, qui est Dieu, et de tout ce qui vient de Lui ou participe à sa bonté, à

1. C'est pourquoi, mes frères bien-aimés, soyez fermes et inébranlables, vous appliquant toujours de plus en plus à l'œuvre du Seigneur, sachant que votre travail n'est pas vain dans le Seigneur. (I Cor., XV, 58.)

2. Ceux que j'ai élevés et nourris, mon ennemi les a consumés.

son excellence ; l'ennemi des âmes faites à l'image de Dieu, sanctifiées par sa grâce et sa présence, créées pour vivre éternellement avec lui et partager sa béatitude infinie ; l'ennemi du prêtre, chargé de communiquer la vie divine aux âmes et de les conduire à leur fin dernière, qui n'est autre que Dieu. *Inimicus autem est diabolus*[1].

Inimicus, c'est le monde, auxiliaire de Satan et adversaire irréconciliable de Dieu ; le monde, lui aussi ennemi des âmes, séducteur, pervertisseur, assassin des âmes, et ennemi du prêtre qui est leur sauveur.

Inimicus, ce sont encore les passions mauvaises qui s'agitent dans le cœur de l'homme, du jeune homme, y soulevant les désirs coupables, y entretenant les affections déréglées, y fomentant les desseins criminels ; les passions qui aveuglent l'esprit, corrompent le cœur, faussent la conscience ; les passions qui entraînent au mal la volonté et, finalement, précipitent les âmes dans l'enfer.

Voilà l'ennemi, multiple, varié, actif, puissant, redoutable auquel vous avez, ô prêtres du Seigneur, à disputer les âmes de ces enfants dont vous êtes les éducateurs.

Inimicus consumpsit eos. C'est à cela que vise l'ennemi et tels sont les résultats qu'il veut obtenir en ces âmes. La consomption, c'est-à-dire l'affaiblissement, la déperdition progressive des ressources morales, l'épuisement des forces de l'âme, la paralysie spirituelle, la suppression de tout effort dans la pratique du bien, de toute résistance au mal ; la dilapidation du riche patrimoine reçu au jour du baptême, de ces trésors de foi, d'espérance et de charité, de grâces sans nombre octroyées par la libéralité divine ; tout cela précédant, préparant la mort spirituelle et conduisant insensible-

1. L'ennemi c'est le diable. (Matth.., XIII, 39.)

ment à la mort éternelle : telle est l'œuvre poursuivie par « l'ennemi » dans les âmes et spécialement dans la jeunesse.

Consumpsit eos. Sous les coups répétés du démon, du monde et des passions, ce qui revient à dire du péché, des habitudes dépravées qui, insensiblement ou rapidement, se forment, se fortifient, s'enveniment, l'esprit adhère moins docilement et moins fermement à l'éternelle vérité ; il laisse le doute pénétrer en lui et y produire l'indifférence, la défiance et, finalement, la négation de tout ce qu'il a cru et admis sans effort jusque-là. Le cœur se dessèche, se resserre, se ferme à l'amour du souverain Bien, aux nobles, saines et saintes affections ; il s'ouvre aux coupables amours, aux désirs qui souillent et déshonorent ; ou bien, il se concentre sur les biens périssables de la terre, sur les grandeurs éphémères du monde. La volonté n'a plus l'énergie réclamée par le fidèle accomplissement des devoirs, par la répression des instincts mauvais, par la persévérance dans la pratique du bien ; elle ne sait plus que céder, qu'obéir aux exigences tyranniques des passions, que subir le joug du maître impitoyable dont elle s'est constituée l'esclave.

Consumpsit eos. Oui, c'est la consomption, le dépérissement, la ruine de l'âme. C'est aussi, à la lettre, la consomption du corps, le dépérissement des facultés physiques, la ruine progressive de l'organisme. Peu à peu les fraîches couleurs, indice de santé, disparaissent ; la vigueur des membres s'affaiblit, l'épuisement se manifeste, enfin, c'est la mort à l'âge de l'épanouissement printanier de la vie !... *Inimicus homo hoc fecit*[1]. Voilà l'œuvre dévastatrice, l'œuvre destructrice de Satan, du monde, des passions de l'homme, du jeune homme ennemi de lui-même[2].

1. Matth., XIII, 28.
2. Inimici hominis domestici ejus. (Matth., X, 36.)

Quel spectacle douloureux, déchirant pour le prêtre, générateur et formateur des âmes, que celui de cette consomption, de cette ruine, dont son regard, clairvoyant comme celui d'une mère, pénétrant, scrutateur comme celui de Dieu dont il est le ministre, surprend les premières menaces et suit les tristes progrès, sans pouvoir les arrêter ni en conjurer les désastres![1]

Car le tout n'est pas que le prêtre veuille sauver les âmes et les arracher à la mort. Encore faut-il que celles-ci veuillent être sauvées et ne repoussent point les moyens de salut que le prêtre leur offre.

Du reste, il arrive, en bien des cas, que l'œuvre de Satan, du monde et des passions, bien que manifeste au regard exercé du prêtre éducateur, n'offre, dans la conduite extérieure de certains écoliers, aucun signe assez sensible pour autoriser à combattre ouvertement le mal deviné, entrevu. L'action extérieure du maître, si zélé soit-il, se trouve paralysée par cette correction de dehors relativement irréprochables et ne peut s'exercer que d'une façon indirecte et nécessairement insuffisante.

Quant à celle du directeur spirituel, du guide des consciences, quelle influence salutaire pourrait-il exercer sur des âmes qui se dérobent aux paternelles avances de son zèle et qui, systématiquement ou aveuglément, ne veulent pas se soustraire à cette loi de consomption universelle?

Prêtres de Jésus-Christ, éducateurs de la jeunesse, attendez-vous à cette épreuve, préparez-y vos âmes et prémunissez-les contre les atteintes du découragement. Jésus savait bien, en travaillant, en souffrant et en mou-

1. Et que dire de la désolation de ce père des âmes, lorsqu'il vient à apprendre que l'un de ceux qui furent jadis ses fils, a tristement péri, victime de ses excès ou en sortant de la vie par la porte du crime? ou bien encore qu'il est tombé, voleur, faussaire ou assassin, dans les mains de la justice humaine?

rant pour les hommes, que tous ne bénéficieraient pas également des grâces acquises, à leur profit, par son travail, ses souffrances et sa mort. Néanmoins, il n'a pas hésité un instant à faire l'offrande totale de sa vie à son Père céleste pour tous les hommes sans exception aucune.

Inspirez-vous de cet exemple. Quoi qu'il doive arriver, quel que doive être le résultat de votre sollicitude, de vos efforts, de votre dévouement surnaturel au service de cette jeunesse que le Père des cieux vous a confiée, entrez résolûment dans la disposition du grand Apôtre et, coûte que coûte, dites et redites avec lui : « *Impendam et superinpendar, ipse pro animabus vestris*[1]. »

1. Je sacrifierai et me sacrifierai moi-même pour vos âmes. (II Cor., XII, 15.)

APPENDICE

I

CONDUITE DU DIRECTEUR SPIRITUEL

A L'ÉGARD DES ENFANTS ET DES JEUNES GENS SUR LESQUELS « L'ENNEMI » A COMMENCÉ D'EXERCER SON ACTION MALFAISANTE.

C'est un ministère des plus délicats que celui du directeur spirituel auprès des jeunes gens auxquels s'appliquent, dans une certaine mesure, les paroles de nos saints Livres citées plus haut : *Inimicus consumpsit eos*. Et il n'est pas rare de voir des prêtres embarrassés pour donner une direction sûre et précise, faute de connaître la méthode à suivre en pareil cas. Essayons de fournir ici quelques indications fondées sur l'expérience en même temps que sur des principes d'une incontestable autorité.

Supposons d'abord que tout n'est pas irrémédiablement perdu ; que les ravages faits en ces pauvres âmes d'adolescents par l'esprit du mal ne sont pas tels qu'il faille désespérer de leur retour à des dispositions et à une conduite meilleures. Supposons même que l'un de ceux que vous avez entourés de tant de soins spirituels, *quos educavi et enutrivi*, après avoir laissé « l'ennemi » l'égarer un instant dans les voies du mal, vient de lui-même à vous, disposé à rentrer dans la voie de Dieu ; est-il besoin d'indiquer quelle devra être votre conduite à l'égard de ce prodigue repentant ?

L'accueillir avec infiniment de bonté, de miséricorde

et de compassion, l'exciter à la confiance, l'aider à sortir irrévocablement du triste état auquel sa légèreté, sa présomption, sa faiblesse, ses passions l'ont réduit : tels doivent être et tels seront toujours les procédés de la clémence divine s'exerçant, humainement et visiblement, par ceux qui sont ici-bas ses ministres, envers les pauvres enfants des hommes, prévaricateurs mais repentants.

Et si ces enfants offrent les signes extérieurs d'un mauvais état de conscience, sans toutefois oser l'avouer, le rôle du prêtre, sauveur des âmes, sera de provoquer l'aveu par de bienveillantes et paternelles avances, par des questions discrètes, faites sur un ton indulgent; d'attendrir doucement leurs cœurs afin de les forcer, pour ainsi dire, à s'ouvrir sous la suave pression d'une miséricorde toute prévenante.

Après l'aveu, si grave et si humiliant soit-il pour le pénitent, le directeur spirituel usera encore d'une extrême indulgence, afin de ne point faire regretter cette ouverture, faite peut-être au prix de grands efforts; — il ne différera pas le pardon des fautes avouées, tout en faisant sentir au pénitent la gravité de l'offense envers Dieu.

En cas de récidive, de fautes réitérées, habituelles, persistantes, semblant indiquer une sorte d'insouciance chez celui qui les a commises, une attache secrète au mal : qu'on ne se hâte point de conclure à l'abus de la grâce, à l'habitude incurable; qu'on ne se hâte point surtout de refuser le pardon de ces fautes.

Prendre le temps d'étudier, de se bien rendre compte de l'état psychologique réel du malheureux récidif. Combien de pauvres enfants ou jeunes gens, asservis à de mauvaises habitudes, n'ont, en fait, aucune affection *positive*, *formelle*, pour le mal qu'ils commettent, y étant poussés et entraînés par une sorte d'inclination physique plus ou moins inconsciente!

Il y a plus. Combien d'autres tombent malgré eux, avec une sorte de dégoût, avec la conscience qu'ils se font du mal physiquement comme ils s'en font moralement ! C'est le joug de l'habitude précocement contractée qui les réduit à ces tristes alternatives de relèvement et de rechute.

En tout cas, il y a grandement lieu, ce me semble, de tenir compte de la mobilité, de la faiblesse, des illusions et des passions de leur âge. Tout cela contrebalance, atténue considérablement le mal intrinsèque de ces fautes.

Aussi engagerai-je toujours les confesseurs des jeunes gens à excéder plutôt par indulgence que par sévérité, si l'excès pouvait être permis dans un ministère aussi important et aussi délicat que l'est la direction spirituelle de la jeunesse[1].

Toutefois, si les rechutes persistent, sans aucun effort de la part du pénitent pour les éviter ou en diminuer le nombre ; s'il est bien démontré que l'attachement au mal commis est réel, ou que, du moins, on n'a pas le courage d'essayer de se dégager des liens honteux qu'on a contractés avec lui ; si, malgré les recommandations réitérées du confesseur, on ne veut pas recourir à la réception de l'Eucharistie comme au remède suprême, au moyen normal de protéger, d'alimenter la vie surnaturelle ou d'en réparer les pertes[2] : alors, ministres de la

1. Saint Augustin (*De salut. docum.*, c. XLII) a dit ces paroles que les confesseurs des jeunes gens devraient toujours avoir présentes à l'esprit : « *Nemo novit, nisi qui expertus est, quam sit difficile consuetudinem extinguere;* » et saint Grégoire le Grand ces autres, non moins remarquables : « *Multa compassione indiget conversio peccatorum.* » (Lib. V in I Reg., c. IV.) — Rappelons encore ces paroles du théologien Concina, citées par saint Alphonse de Liguori : « *Si vides... te posse infirmum curare, esto in misericordia dives. Emendatio peccatoris securior est norma vel impertiendi vel denegandi absolutionem.* » (c. X, n. 34.)

2. Medicamentum purgans vitia et omnia pellens mala. (S. Ign.

clémence, souvenez-vous que vous êtes aussi les ministres de la justice...

Sachez soumettre à l'épreuve d'une sage rigueur ces âmes dévoyées, ces volontés molles ou rebelles. Sachez leur refuser, leur différer le pardon d'une conduite dont elles ne veulent pas assez efficacement l'amendement. Sachez leur faire entendre les menaces divines, leur faire entrevoir les redoutables châtiments qui leur sont réservés au-delà de cette vie.

Mais, même en cette douloureuse extrémité, n'abandonnez pas entièrement ces malheureux esclaves de leurs passions. Peut-être l'acte de juste rigueur dont vous aurez usé envers eux aura-t-il pour effet de leur ouvrir les yeux, de toucher leur cœur, d'ébranler leur volonté et de les décider à une lutte sérieuse contre ces passions jusque là triomphantes.

En tout cas, souvenez-vous d'eux devant le Seigneur, et pour eux demandez avec instance des grâces qui les aident à triompher eux-mêmes de ces passions impérieuses. Peut-être, après avoir été *juges*, serez-vous encore et définitivement *sauveurs*.

II

D'UN DOUBLE MOYEN DE CONJURER LA PERTE DES AMES

Pour conjurer cet incomparable malheur qui se nomme la perte des âmes, deux choses sont à faire simultanément ou mieux parallèlement.

Antioch. in Ep. xiv ad Ephes.) — Si quis æstuat, hunc adeat fontem, et ardorem temperet, nam æstum fugat et adusta omnia refrigerat... Potio illa..., si cum fiducia sumatur, morbos quippe omnes extinguere poterit;... extingui poterunt morbi animam labefactantes. (S. Joan. Chrys. Homil. xlvi in Joan. — Homil. iv in Math.) — V. *Le Régime sauveur*, p. 60 et suiv.

Tout en travaillant à former au bien les âmes des enfants et des jeunes gens, à les fortifier dans la pratique et l'habitude de la vertu, il faut être attentif à déjouer en elles les ruses de Satan et à les mettre à l'abri des attaques dirigées contre elles par l'esprit du mal.

Quiconque s'est voué à l'éducation de la jeunesse doit se préoccuper de cet adversaire de toute vraie éducation et se disposer à poursuivre, à combattre Satan, à le chasser de ces âmes dont il a juré la perte. Sans attendre même qu'il ait entrepris en elles son œuvre de consomption, *inimicus meus consumpsit eos,* il doit le tenir en respect, prévenir ses coups et déjouer ses méchants desseins.

Pour cela, il faut étudier dans l'enfant, dans le jeune homme, ses côtés faibles, ses défauts, ses inclinations défectueuses, ses mauvais penchants, en un mot, les points en souffrance; c'est par là que l'esprit du mal, « l'ennemi, » s'insinue, pénètre dans la place, envahit le royaume de Dieu pour y exercer son action destructrice de tout bien.

Cette connaissance une fois acquise, il importe de signaler discrètement à l'enfant, au jeune homme, ses inclinations vicieuses, ses défauts, de lui en faire entrevoir les funestes conséquences, et de l'amener à vouloir redresser les unes et combattre les autres.

Qu'on se garde bien de différer indéfiniment cette paternelle admonition. Un retard prolongé pourrait être funeste. L'inclination ne ferait que s'accentuer, les défauts que s'aggraver, et il serait plus difficile, sinon impossible, d'y porter remède.

C'est surtout dans les rapports sacramentels que le prêtre peut exercer efficacement cet office de moniteur. En y mettant toute la prudence et la condescendance que comporte un office aussi délicat, vous parviendrez à intéresser vos jeunes pénitents à l'œuvre de leur formation chrétienne.

En somme, vous le voyez, cette formation, pour être complète, réclame un double travail simultané ou parallèle : un travail d'acquisition, d'édification, de développement et de progrès, et un travail d'élimination des éléments mauvais ou simplement défectueux et malsains.

Ce travail réclame aussi un double concours : le concours du prêtre, du directeur spirituel, consistant en avertissements, en conseils, en encouragements ; et le concours des jeunes chrétiens dont il s'agit d'assurer le salut et de conjurer la perte éternelle. L'Esprit-Saint promet le salut au fils qui écoute docilement et met fidèlement en pratique la parole de son père : « *Verbum custodiens filius extra perditionem erit*[1] ». Si ce concours vient à faire défaut, s'il est insuffisant, le premier sera inévitablement gêné, paralysé, peut-être même entièrement inefficace.

Quoi qu'il advienne, prêtres éducateurs, pères, sauveurs des âmes, ne refusez jamais à celles que le divin Sauveur vous a confiées, l'aide constante et dévouée de votre action personnelle. Empêcher « l'ennemi » de pénétrer, non dans une ville quelconque, mais dans cette cité sacrée qui se nomme une âme chrétienne ; l'empêcher de la ravager, d'y multiplier les ruines, n'est-ce pas faire œuvre sainte entre toutes ? Et si cela exige beaucoup d'efforts, une dépense continuelle de toutes ses ressources intellectuelles et morales, ne doit-on pas en être heureux et fier ? Le mérite qui en revient à l'homme, la gloire qui en revient à Dieu, ne sont-ils pas des motifs plus que suffisants pour se dépenser sans compter à cette œuvre de salut ?

1. Prov., XXIX, 27.

III

LES AVANTAGES DE L'ÉPREUVE DANS LA VIE ÉDUCATRICE

Quoniam probasti nos, Deus : igne nos exaministi, sicut examinatur argentum[1].

(Ps. LXV, 10.)

L'épreuve, quelle qu'elle soit et d'où qu'elle vienne, fait souffrir. Il en est qui sont indiciblement douloureuses et déchirantes; écrasantes pour la nature, laquelle succomberait ou se révolterait si la grâce ne la soutenait pas et si la foi ne lui montrait pas dans ces épreuves des visites nécessaires et salutaires de Dieu.

Ainsi devez-vous envisager, prêtres éducateurs, les épreuves dont il a été parlé et que vous êtes exposés à rencontrer dans l'exercice de votre ministère.

Pénétrez-vous bien de cette vérité, à savoir que ces épreuves vous sont éminemment sanctifiantes.

Elles servent, en effet, à maintenir l'âme de l'éducateur dans l'humilité, la défiance d'elle-même, dans une dépendance continuelle à l'égard de Dieu, se considérant comme un simple instrument entre les mains de Dieu, n'ayant aucun autre but que sa gloire.

Lorsqu'on agit dans cette disposition, qu'importe le succès ou l'insuccès? Du moins, en face de l'insuccès, pourquoi se découragerait-on? N'a-t-on pas travaillé pour Dieu? N'a-t-on pas glorifié Dieu?

De plus, ces épreuves ont pour effet sanctifiant de surnaturaliser les vues et de détacher le cœur, si facilement porté à se complaire dans le bien accompli, dans les succès obtenus, même lorsqu'il s'agit du bien des

1. O Dieu, vous nous avez éprouvés, vous nous avez épurés par le feu, comme l'argent est épuré.

âmes, à y chercher une satisfaction purement naturelle, une sorte de repos en soi, véritable larcin fait à Dieu de la gloire qui lui est due. Elles gardent aussi le cœur contre des tendresses, des sympathies, des préférences de personnes : sentiments humains qui ne sauraient, en aucune façon, s'harmoniser avec la sainteté du ministère d'un prêtre éducateur. Hélas! souvent le bien qu'on fait aux âmes se trouve compromis par les vues terrestres et humaines et les mobiles naturels qui ont inspiré le dévouement à ces âmes. On s'est trop contenté d'être *homme;* on n'a pas assez été *homme de Dieu.*

Un autre effet sanctifiant de ces épreuves est de rendre plus vigilant, plus attentif aux intérêts surnaturels des âmes. D'où vient que tel élève, jusque-là si pieux, si fervent, si édifiant, animé d'un si bon esprit, faisant concevoir pour l'avenir de si douces espérances, s'est relâché, a perdu le goût de la piété, n'en a plus accompli que négligemment les pratiques? D'où vient qu'il inspire, par ses allures, son langage, sa conduite, des craintes pleines d'angoisses à ses maîtres? Comment s'est produit ce changement? A quoi faut-il l'attribuer?

A des causes diverses, sans doute, mais dont quelques-unes vous sont peut-être imputables. Vous qui avez été constitués gardiens, défenseurs, sauveurs de ces âmes, avez-vous assez veillé sur elles? Les avez-vous suffisamment protégées? Avez-vous eu le souci de leur salut, assez, du moins, pour les soustraire, autant qu'il dépendait de vous, aux causes de perdition qui les pouvaient menacer, et pour les maintenir dans la voie du bien où Dieu les voulait voir marcher et progresser?

Grave sujet d'examen, peut-être aussi de reproche. Puissant motif de profiter de cette humiliante expérience et de déployer, à l'avenir, dans la formation morale et religieuse de la jeunesse, plus de foi, d'humilité, de prudence, de vigilance, de dévouement surnaturel.

Enfin les épreuves que rencontre le ministère de l'éducation de la jeunesse sont une source de mérites au prix desquels le Seigneur veut que vous acquerriez la sainteté. S'il ne vous en coûtait rien de former au bien la jeunesse, si le succès répondait toujours à vos efforts, si vous n'éprouviez que satisfactions et consolations dans votre ministère, où serait le mérite; du moins, où serait la perfection du mérite? Faire le bien sans consolation, travailler sans relâche, malgré la stérilité de ses efforts; voir perdu en un instant le fruit de plusieurs mois, peut-être de plusieurs années de labeur; recommencer sans cesse, et persévérer dans une tâche ingrate dont les résultats sont incertains, n'est-ce pas faire œuvre méritoire, et l'épreuve, ainsi acceptée, n'est-elle pas éminemment salutaire? C'est l'épreuve du feu, *igne nos examinasti*, car elle fait souffrir une véritable torture à l'âme de l'apôtre; mais c'est l'épreuve d'un feu qui purifie, dépouille cette âme de tout ce qu'il peut y avoir d'humain et de terrestre en elle, comme le feu dépouille dans le creuset l'or de tout alliage : *sicut examinatur argentum.*

Joignez-y que les épreuves de l'éducateur peuvent être aussi le prix de son succès à venir, même auprès des âmes rebelles ou molles, dont la résistance ou l'insouciance préoccupe si douloureusement son cœur.

Enfin, ces épreuves sont la source du progrès dans les vertus nécessaires à l'éducateur, dans l'art si délicat de l'éducation. Elles sont un motif puissant et incessant pour le prêtre chargé de ce ministère de se perfectionner, de se sanctifier pour se rendre capable de l'exercer avec plus de fruit.

Bénissez donc ces épreuves sanctifiantes, bénissez le Seigneur qui ne les permet ou ne les envoie que pour le bien de vos âmes et pour le bien des âmes auxquelles vous dévoue votre ministère : *quoniam probasti nos,*

Deus. Tôt ou tard, la souffrance saintement acceptée et endurée porte ses fruits. La vie naît souvent de la mort. Par son immolation le Christ a vivifié le monde[1]. Prêtres, disciples, ministres, successeurs du Christ, comme lui vous engendrez et vivifiez par vos larmes, vos souffrances, vos sacrifices, votre mort.

II

LES GLOIRES DU PRÊTRE ÉDUCATEUR

I. — LES JOIES DE LA MATERNITÉ SPIRITUELLE.

> Mulier,... cum pepererit puerum, jam non meminit pressuræ, propter gaudium, quia natus est homo in mundum.
> Et vos,... gaudebit cor vestrum, et gaudium vestrum nemo tollet a vobis[2]. (Joan., XVI, 22.)

C'est la joie et c'est la gloire de la femme de mettre au monde des enfants. C'est la joie et c'est la gloire du prêtre d'engendrer des âmes à la vie chrétienne. Cette joie et cette gloire vous sont réservées, prêtres éducateurs de la jeunesse, comme le fruit béni de vos laborieux efforts, de votre sollicitude et de vos soins dévoués.

Il en coûte, il est vrai, d'atteindre cette jeunesse mobile; de l'habituer à la réflexion, de l'appliquer à l'étude, de l'amener à la lutte contre les imperfections, les défauts, les passions de sa nature; de l'affectionner

1. Deus... cum essemus mortui peccatis, convivificavit nos in Christo. (Ephes., II, 5.)

2. La femme,... lorsqu'elle a mis l'enfant au jour, ne se souvient plus de sa souffrance, à cause de sa joie de ce qu'un homme est né au monde... Et vous aussi, votre cœur se réjouira, et personne ne vous ravira votre joie.

au bien, à la vertu, à l'amour de Dieu et des âmes; de faire enfin d'un enfant sans caractère, un homme doublé d'un chrétien... C'est là, nous l'avons dit plus haut, un laborieux enfantement.

Mais l'heure n'est pas toujours aux craintes et aux alarmes, aux souffrances et à la douleur. *Mulier..., cum pepererit puerum, jam non meminit pressuræ, propter gaudium.* — Après l'épreuve de la gestation et de la formation lente et patiente, après les déchirements de l'enfantement, vient l'allégresse de la maternité. *Quia natus est homo in mundum.* L'humanité compte un sujet de plus; la terre s'est accrue d'un homme destiné à devenir un élu du ciel. Et c'est la gloire de la femme, de la mère, d'avoir fourni ce sujet, d'avoir donné la vie à cet homme.

Et vos gaudebit cor vestrum. Votre cœur aussi sera dans la joie, prêtres du Seigneur; et cette joie sera plus douce encore et plus pure et plus noble que celle des mères. Car si leurs enfants sont engendrés par elles à la vie naturelle, c'est votre privilège suréminent, votre gloire incomparable, d'engendrer les vôtres à la vie surnaturelle, et de faire de ces enfants des chrétiens et des élus.

Que la mère selon la nature se glorifie d'avoir donné la vie à un homme, elle n'a, en somme, engendré qu'un homme de faiblesse et de souffrances, un mortel et un pécheur. Pour vous, prêtres, les enfants que vous engendrez sont des hommes destinés à l'immortalité, à la félicité et à la gloire et, en attendant, des hommes vaillants et forts, animés de la vie de la grâce, des hommes victorieux de toutes les entreprises du monde et de l'enfer.

Heureux éducateurs, ce sera là votre joie, lorsque vous aurez vieilli dans ce noble ministère, de compter un grand nombre d'enfants que vous aurez, au prix des plus douloureux sacrifices, donnés à la société et à l'Église : *propter gaudium, quia natus est homo in mundum.*

Grâce à vous, ces enfants seront devenus des hommes, des hommes de foi, des hommes d'honneur, des hommes de devoir, des hommes de dévouement et de zèle, des hommes-apôtres, qui étendront le règne de Dieu dans le monde. *Et vos..., gaudebit cor vestrum.*

Et cette joie vous dédommagera surabondamment de toutes vos sollicitudes et angoisses ; elle vous fera oublier tout ce que vous aura coûté la formation de ces hommes, leur enfantement à la vie laborieuse, à la vie sérieuse, à la vie vertueuse. *Cum pepererit... jam non meminit pressuræ, propter gaudium.*

Et cette joie ne vous sera pas ôtée, dit le Seigneur : *et gaudium vestrum nemo tollet à vobis.* Les joies qui proviennent du monde extérieur, des créatures, des sens, ne sont que des joies éphémères auxquelles succèdent trop souvent les larmes ; mais les joies pures de l'âme, celles qui ont leur source dans les biens solides, surnaturels, celles-là sont durables ; elles résistent à toutes les vicissitudes du temps, pour se prolonger durant l'éternité.

Telle est la joie qui sera le fruit de votre « maternité spirituelle », prêtres générateurs des âmes. Ces âmes, orientées par vous vers leur fin suprême et leur but éternel ; ces âmes formées par vous aux vertus qui mènent à la sainteté et de la sainteté au ciel qui en est la récompense ; ces âmes seront à jamais votre gloire et votre joie au-delà du temps ; *et gaudium vestrum nemo tollet a vobis.*

II. — LA COURONNE DES FILS.

Surrexerunt filii ejus, et beatissimam prædicaverunt [1]. (Prov., XXXI, 28.)

L'Écriture Sainte annonce en ces termes la gloire qui attend au-delà de ce monde, et même dès ce monde, la femme forte, la femme type, celle qui sera toujours proposée comme modèle à toutes les femmes.

Ses fils reconnaissants, se souvenant, lorsqu'ils auront grandi, de tout ce dont ils lui sont redevables; appréciant comme il convient sa vigilance, sa tendresse, ses soins, son dévouement du jour et de la nuit; comprenant toute l'étendue de son amour, tout le prix de ses services, toute l'héroïcité de ses sacrifices, ses fils se lèveront et, se pressant autour d'elle « comme de jeunes plants d'olivier [2] », ils la proclameront bienheureuse et appelleront sur elle toutes les faveurs et les bénédictions du ciel.

Oui, bienheureuse est la mère qui voit ses fils grandir dans le bien et progresser dans la vertu! Heureuse et très heureuse celle qui voit couronnés de la sorte, par la reconnaissance et l'amour de fils dignes d'elle, sa sollicitude, son dévouement, son propre amour!

Ce bonheur est celui qui vous est réservé, en ce monde et surtout en l'autre, prêtres éducateurs, générateurs des âmes, vous qui consacrez votre vie à multiplier le nombre des enfants de Dieu.

Si parmi cette jeunesse objet exclusif de votre sollicitude et de votre zèle, il se trouve des esprits indociles, des volontés rebelles, des cœurs ingrats, des fils mécon-

1. Ses fils se sont levés et l'ont proclamée bienheureuse.
2. Sicut novellæ olivarum. (Ps. CXXVII, 3.)

naissants, aux yeux desquels vos soins empressés, votre dévouement de toutes les heures ne compteront pour rien, et pour lesquels ils demeureront sans profit ; Dieu merci, il s'en trouvera qui sauront les reconnaître, en profiter et, grâce à vous, devenir des chrétiens et des hommes.

Ces enfants, que vous aimez comme des fils, ce n'aura pas été en vain que vous leur aurez inoculé la vie de la grâce et, avec elle, l'amour du bien, de la vertu, le respect envers Dieu, la fidélité à sa loi. Ce n'aura pas été en vain que vous aurez dépensé à ce noble labeur les trésors de votre esprit et de votre cœur ; que vous aurez usé vos forces et consumé votre vie dans ce glorieux apostolat.

Un jour ces fils se lèveront, *surrexerunt filii ejus,* à la voix, au signal de Dieu ; comme vous et avec vous, ils comparaîtront devant le juge des hommes, devant l'universel rémunérateur... Ils se souviendront, eux aussi, comme les fils de la Femme forte, de votre dévouement, de vos services, de vos sacrifices ; ils comprendront la profondeur de votre abnégation, la sublimité de votre charité, l'ardeur et l'étendue de votre zèle. Et voyant en vous leur bienfaiteur, leur protecteur, leur sauveur, celui enfin qui les aura engendrés à la vie chrétienne, vertueuse et sainte, ils vous proclameront bienheureux, ils vous béatifieront à la face du ciel et de la terre : *surrexerunt filii ejus et beatissimam prædicaverunt.*

« Seigneur, juste juge, s'écrieront-ils, celui-là a mérité d'être exalté et récompensé. Rendez-le donc éternellement heureux ; associez-le à votre propre béatitude. »

Et le Seigneur ratifiera ce plébiscite filial.

Et durant l'éternité, ces fils que vous aurez introduits, soutenus et gardés dans la voie qui mène au souverain bonheur, vous béniront dans une incessante louange.

Déjà, dès ici-bas, ils sauront reconnaître vos mérites et vous décerner cette louange. Elle jaillira de leurs lèvres; elle jaillira, plus éloquente encore de leurs œuvres. La force de leurs convictions chrétiennes, leur fidélité inviolable aux saintes pratiques de leur première jeunesse, leur incontestable valeur morale, les services qu'ils rendront à la société, à la religion, à l'Église, à Jésus-Christ, dont ils seront les soldats fidèles et les apôtres dévoués dans le monde, proclameront assez haut la valeur de l'éducation qu'ils auront reçue de vous et seront le plus expressif hommage rendu à vos mérites. Ces enfants, devenus, grâce à vous, des hommes et des chrétiens, vous seront une couronne de grâce en ce monde, en attendant qu'ils vous soient une couronne de gloire dans l'autre[1].

III. — MOISSON DE MÉRITES, MOISSON D'AMES.

> Venientes autem, venient cum exultatione, portantes manipulos suos[2]. (Ps. cxxv, 6.)

Quelles sont ces gerbes portées avec allégresse? A qui sont-elles offertes et qui sont ceux qui les offrent?

En prenant ce texte des Psaumes dans un sens moral et spirituel, ces gerbes sont les mérites acquis par les justes de tous les temps, et présentés par eux au souverain Juge et rémunérateur, au terme de la vie terrestre.

Selon l'ordre du sujet qui nous occupe, ce sont vos propres mérites, prêtres éducateurs, les mérites acquis dans l'exercice de votre ministère; c'est aussi la moisson d'âmes préparée par votre labeur, par votre vie d'abnégation, de dévouement, tout entière consacrée au service et au bien moral de la jeunesse; ce sont les fruits provenant de toutes les saines et fécondes semences par vous jetées et cultivées dans ces âmes dont la formation

1. Et ornamentum gratiæ accipias coronam. (Eccli., xxxii, 3.)
2. Et s'en allant, ils viendront avec allégresse portant leurs gerbes.

chrétienne, autant et plus que la formation intellectuelle, aura été la passion de votre vie.

Dieu sait ce que ce labour d'ensemencement vous coûte présentement de peine, de fatigue, de préoccupations, d'anxiétés, d'alarmes et même de larmes : *Euntes ibant et flebant!*

Mais après la fatigue du labeur viendra la joie du repos ; après les larmes, l'allégresse : *venient cum exultatione.* Ce sera le jour où, quittant cette terre, vous irez vous présenter devant Celui qui voit tout, qui sait tout, qui aura compté tous vos pas, entendu tous vos soupirs, recueilli toutes vos larmes, apprécié tous vos sacrifices. Ce sera le jour où vous lui présenterez ces gerbes abondantes de mérites acquis au cours de votre carrière terrestre d'éducateurs, cette riche moisson d'âmes dont vous aurez si puissamment contribué à faire des âmes d'élus.

S'il y a de la joie au cœur du laboureur, lorsqu'il recueille la moisson que son travail a préparée ; s'il y en a dans le cœur du soldat, lorsqu'il revient du combat chargé des trophées de la victoire, combien plus devra-t-il y en avoir dans les vôtres, lorsque vous présenterez au Seigneur cette moisson bien autrement précieuse, ce trophée bien autrement glorieux ?

Et si l'on accueille les vainqueurs avec des vivats enthousiastes et des ovations éclatantes, comment le Seigneur n'accueillera-t-il pas ces conquérants d'âmes, chargés des seules dépouilles que Dieu agrée ?

Courage donc, divins semeurs ! Si l'ensemencement vous coûte des fatigues et des larmes, songez à la moisson et aux joies sans pareilles qu'elle vous apportera. Ces joies ne vous feront pas défaut, l'Esprit-Saint en a fait la promesse formelle : « *Qui seminant in lacrymis in exultatione metent*[1]. »

1. Ceux qui sèment dans les larmes récolteront dans la joie. (Ps. cxxv, 6.)

Allez donc et semez : semez la science dans les intelligences, la science des choses humaines et surtout celle des choses divines; semez l'amour, l'amour du bien, l'amour du beau dans les cœurs; semez l'énergie, la générosité, la noblesse, la vaillance et l'héroïsme dans les volontés; semez dans les âmes les vertus du christianisme; semez la sainteté évangélique; semez Jésus, en un mot, Jésus qui veut naître, grandir, vivre et régner dans cette jeunesse qu'il aime d'une particulière prédilection.

Toutes ces semences ne seront pas perdues, étouffées, infructueuses. La céleste rosée de la grâce, celle de vos prières, de vos efforts, de vos larmes les féconderont et les rendront capables de porter les fruits que Dieu en attend.

IV. — LA DIVINE RÉMUNÉRATION.

Accipe puerum istum, et nutri mihi : ego dabo tibi mercedem tuam[1]. (Exod., II, 1.)

Telle est la promesse divine. Tel est l'engagement formel contracté par le Seigneur de ne pas laisser sans récompense ce ministère sublime et laborieux de l'éducation.

Sans doute, le ministre de Dieu, l'apôtre véritable, ne doit pas agir, servir, se dévouer en vue d'un salaire et dans un esprit d'intérêt personnel. Mais puisqu'il plaît à Dieu de lui faire entrevoir ce salaire, d'encourager cet intérêt, pourquoi n'y songerait-il pas, afin de puiser dans cette pensée un motif de plus grand dévouement, un encouragement à son zèle?

1. Recevez cet enfant et nourrissez-le-moi. Je vous donnerai votre récompense.

Ego dabo mercedem. Prêtres éducateurs de la jeunesse, les hommes n'apprécient pas toujours comme il convient votre sollicitude, vos soins, vos efforts, votre dévouement. Ceux-là mêmes qui ont été les objets de ce dévouement ne vous en garderont pas tous ni toujours de la reconnaissance. Beaucoup parmi eux oublieront ce que vous aurez fait pour eux et vous oublieront vous-mêmes. Quelques-uns peut-être, pour toute récompense, vous réserveront l'insulte et le mépris.

Aussi bien, n'attendez pas des hommes votre récompense. Ce serait vous faire illusion et vous exposer à d'amères déceptions que de compter sur leur gratitude. Regardez plus haut que la terre, plus loin que la vie présente, et attendez de Dieu seul la seule récompense que doive et puisse ambitionner votre cœur.

Ego dabo. Oui, moi qui ne trompe pas et qui suis fidèle à mes promesses; moi qui sais toutes choses et qui lis jusqu'à l'intime de l'être; moi qui apprécie tout acte selon sa vraie valeur et qui compte tous les mérites suivant leur réalité, et non point seulement selon leurs apparences; moi enfin qui possède tous les biens que peut désirer l'homme et qui en dispose en toute justice et équité : *ego dabo!*

Les hommes peuvent oublier, mais moi je n'oublie pas; les hommes peuvent manquer à leur parole, mais moi je ne manque pas à la mienne. Ce que j'ai promis je le donne, *ego dabo!*

Et voilà que je vous donnerai votre récompense. *Ego dabo tibi mercedem tuam.* Ce sera là ma réponse à tout ce que vous aurez fait pour moi. Car, je le sais, c'est pour moi que vous aurez travaillé, que vous vous serez dévoués à la jeunesse; c'est pour l'instruire dans la vérité, pour la former au bien, à la vertu, pour l'attacher à mon service, pour établir mon règne de grâce et d'amour en elle.

Mercedem tuam. Quelle sera cette récompense? — Vous m'aurez donné des âmes, moi je vous donnerai le royaume éternel des âmes. « Je serai moi-même votre récompense trop grande[1]. »

O prêtres éducateurs, quelle proportion y a-t-il entre la tâche à remplir et le salaire promis? Celle qui existe entre le fini et l'infini, entre la créature et le Créateur, entre l'homme et Dieu : ce qui revient, finalement, à dire entre le *néant* et le *tout*.

O prêtres éducateurs, si la tâche est laborieuse et parfois ingrate, songez donc à Celui qui en sera la récompense[2].

V. — LA GRANDEUR DE L'ÉLÉVATION.

Qui fecerit et docuerit... hic magnus vocabitur in regno cælorum[3]. (Matth., v. 19.)

Ce que le saint Évangile dit spécialement des Docteurs de la Loi, de ceux qui avaient la mission d'interpréter le texte sacré, la loi divine au peuple juif, peut s'appliquer au prêtre éducateur qui est, par ses fonctions, docteur des intelligences et docteur des âmes, chargé d'enseigner la science des choses humaines et de communiquer la connaissance et l'amour de la loi divine.

Mais en même temps qu'il a l'obligation d'instruire, il a celle de pratiquer lui-même ce qu'il enseigne, à l'exemple du divin maître et modèle de qui il est dit : « *Cæpit Jesus facere et docere.*[4] »

Ce n'est qu'à cette condition que l'éducateur de la

1. Ego ero merces tua magna nimis. (Gen., xv, 1.)
2. Si labor terret, merces invitet.
3. Celui qui aura fait et enseigné ces choses, sera appelé grand dans le royaume des cieux.
4. Jésus a commencé par faire et par enseigner. (Act., I, 1.)

jeunesse peut espérer de voir ses enseignements compris et suivis. S'il se bornait à rappeler ou à enseigner à cette jeunesse la loi qu'elle doit observer, sans se mettre en peine de l'observer lui-même et de prêcher d'exemple autant que de parole, il y aurait lieu de craindre que son enseignement ne fût inefficace. Mais combien, au contraire, il est en droit d'en attendre des fruits abondants et consolants si sa parole est relevée, fortifiée, confirmée par ses exemples![1]

Heureux l'éducateur qui aura pratiqué avec zèle et persévérance tout ce qu'il aura enseigné dans l'ordre du bien! *Qui autem fecerit et docuerit.* Le Seigneur tient en réserve pour lui dans le ciel une récompense qu'il a, du reste, promise expressément lui-même. Cette récompense, c'est la grandeur : *Hic magnus vocabitur in regno cælorum.*

Magnus. Comment concevoir cette grandeur et quel sens précis faut-il donner à ce mot?

Cette grandeur n'est pas autre chose qu'un degré plus élevé dans la hiérarchie céleste, qu'une place d'honneur réservée à un plus grand mérite et accordée par le suprême Rémunérateur à qui s'en sera rendu digne[2]. Enseigner la loi de Dieu, la faire connaître, estimer, aimer et pratiquer, en la pratiquant soi-même est, sans doute, l'un des plus glorieux ministères qui puisse être rempli en ce monde. N'est-il pas juste, dès lors, que celui qui l'aura dignement et saintement rempli soit exalté par Dieu, et que dans le ciel, séjour de l'inviolable justice, il soit considéré et honoré comme le doc-

1. Disce hic rectam docendi viam et methodum esse, si doctor prius faciat id quod deinde dicturus est. (*Cornel. a Lap.*, Comment. in Matth. loc. cit.)

2. Super hæc (Joan., XIV, 4.) « In domo Patris mei mansiones multæ sunt, » hoc habet Cornel. a Lap. : « To *multæ* insinuat varios in cælo beatitudinis et gloriæ fore gradus et ordines, q. d.: suus cuique sancto in cælo erit locus, sua cuique beatitudo, sua cuique gloria, sed pro meritis dispar. »

teur, le prince et le père de ceux qui, sur la terre, auront été ses disciples[1] ?

Réjouissez-vous donc, prêtres éducateurs de la jeunesse ; tous ceux que vous aurez instruits durant votre vie mortelle et qui auront profité de vos leçons de science et de vertu, qui auront imité vos exemples et marché sur vos traces formeront, dans le royaume des cieux, comme une couronne d'honneur autour de vous. Vous apparaîtrez au milieu d'eux dans toute la majesté de votre grandeur immortelle, Ils vous proclameront leurs initiateurs et leurs maîtres dans cette science souveraine de la vie éternelle qui leur aura montré et fait suivre la voie du ciel. Ils vous béniront à jamais, en même temps qu'ils béniront Celui que vous leur aurez appris à connaître, à aimer et à servir.

Dieu lui-même, que vous aurez constamment travaillé à glorifier, à exalter, à faire grandir et régner dans les âmes de ceux qui auront été vos disciples, placera sur vos têtes ornées déjà de la couronne du royal sacerdoce, la couronne de la gloire qui mettra le comble à votre grandeur[2].

1. Magnus, scilicet doctor, pater et princeps discipulorum quos docuit. (*Cornel. a Lap.*, Comment. in loc. cit.)

2. L'apôtre saint Pierre, dans sa 1re épître, adresse aux pasteurs des âmes les mêmes recommandations et les accompagne des mêmes promesses : « Pascite, qui in vobis est, gregem Dei, providentes non coacte, sed spontanee, secundum Deum : neque turpis lucri gratia, sed voluntarie ; neque ut dominantes in cleris, sed forma facti gregis ex animo. Et cum apparuerit princeps pastorum, percipietis immarcescibilem gloriæ coronam. (I Petr., v, 2).

VI. — LA LUMIÈRE DE GLOIRE ÉTERNELLE.

Et qui ad justitiam erudiunt multos, quasi stellæ in perpetuas æternitates[1].

(Daniel., XII, 3.)

Voici une nouvelle promesse divine qui semble s'adresser spécialement à vous, prêtres éducateurs de la jeunesse.

Qui sont, en effet, ceux qui instruisent, et qui instruisent pour enseigner la justice, pour former des justes, c'est-à-dire des âmes animées du sentiment de la justice envers Dieu et envers les hommes, si ce n'est vous qui, dans le ministère de l'enseignement, avez en vue l'exercice d'un véritable apostolat ?

Qui ad justitiam erudiunt. La justice envers Dieu consiste à rendre à Dieu ce qui lui est dû : l'honneur, la louange, la soumission, l'amour, la fidélité. Quoi de plus légitime ? Dieu n'est-il pas la majesté, la sainteté et la bonté infinies ? N'est-il pas le Maître universel, le Bienfaiteur par excellence ? Que l'homme donc lui obéisse et qu'il l'aime : c'est de toute justice ! Voilà ce que vous enseignez, prêtres du Seigneur, à cette jeunesse que vous instruisez.

Qui ad justitiam erudiunt. La justice envers le prochain consiste à le traiter comme Dieu lui-même le traite, avec bienveillance et indulgence ; à ne lui nuire ni dans ses biens, ni dans sa réputation ; à ne le point détourner de l'accomplissement de ses devoirs ; à ne lui être pas un obstacle dans la voie du bien. C'est encore là ce que vous enseignez à la jeunesse en lui apprenant les grands

1. Ceux qui enseignent la justice à un grand nombre seront comme les étoiles dans les perpétuelles éternités.

devoirs de la charité, du support, du service mutuel, de l'édification chrétienne.

O la noble, sublime et salutaire instruction que celle qui s'étend jusqu'à inculquer les principes de cette science souveraine, de cette justice surnaturelle, lesquels doivent régir tous les rapports de l'homme, du chrétien avec Dieu et avec ses semblables !

Eh bien, écoutez, vous qui instruisez dans la justice, *qui ad justitiam erudiunt,* écoutez la promesse que vous fait le Seigneur : un jour, vous brillerez au firmament du ciel des cieux comme des étoiles, pendant toute l'éternité : *Quasi stellæ in perpetuas æternitates.*

Ce qui distingue les étoiles c'est leur clarté, leur éclat lumineux. En disant donc que vous serez un jour « comme des étoiles », Dieu vous donne à entendre que vous brillerez comme elles, que vous serez environnés de clarté. La clarté, c'est la gloire dont Dieu couronne ses élus et ses saints dans le ciel. C'est donc la gloire que Dieu vous promet.

Mais cette gloire sera une gloire particulière, qui ne ressemblera pas à celle dont seront investis les autres élus. Cette gloire participera à la nature de celle qui sera, dans le ciel, l'apanage des Docteurs [1]. En fait, le prêtre éducateur a pour mission d'instruire, non seulement dans la science humaine, mais aussi dans la science divine, et d'être le docteur des âmes comme il est le docteur des esprits.

« La vie éternelle consiste à connaître le vrai Dieu et

1. Majorem gloriam habebunt docti et doctores, quam plebii, rudes et indocti; non tantum accidentalem, sed et essentialem. Ratio est, quia hæc eorum doctrina, cum sit practica et affectuosa, majorem involvit caritatem, gratiam et spiritum : hoc enim impulsi alios docent, eosque eodem, puta Dei et cælestium cognitione et amore, imbuunt : majori autem gratiæ et caritati major a Deo promissa est, quasi merces, beatitudo et gloria essentialis. (*Cornel. a Lap.*, Comment. in Daniel., loc. cit.)

son fils Jésus-Christ, qu'il a envoyé ici-bas. » Dès lors, communiquer cette double connaissance et, par suite, contribuer à faire acquérir la vie éternelle, est, sans contredit, une œuvre si éminente et d'un tel mérite, que Dieu doit à qui accomplit cette œuvre une particulière récompense.

Vous serez donc, ô prêtres, formateurs de la jeunesse, initiateurs des âmes à la science de la vie éternelle et à la vie éternelle elle-même ; vous serez comme des astres brillants autour du divin Soleil de justice, dans le jour sans déclin de l'éternité.

Votre rôle d'éducateurs et de docteurs, aura fait de vous ici-bas des hommes de lumière ! Votre récompense là-haut sera d'être inondés de la plénitude de la lumière céleste.

Écriez-vous donc avec saint Augustin : « *O æterna Sapientia, Jesu amor noster! Doce nos, da ut alios doceamus ad justitiam, ac tandem duc nos in sancta sanctorum ut ibi fulgeamus, quasi stellæ in sæcula sæculorum*[1]. »

1. Serm. xxxix de Tempore.

RÉSUMÉ

DE TOUT CE QUI A ÉTÉ DIT DANS CET OUVRAGE

Prêtres éducateurs, pour qui ces pages ont été écrites, souffrez qu'en terminant, je mette sous vos yeux comme un résumé de ce qu'elles contiennent.

Ce coup d'œil d'ensemble vous servira à mieux saisir chacune des parties, chacun des détails de ce modeste ouvrage.

Le ministère de l'éducation de la jeunesse n'est point un ministère quelconque; — il est divin dans son origine et sa source, car c'est de Dieu que vous l'avez reçu; — il est aussi divin dans son exercice, car c'est au nom du Christ, dont vous êtes les délégués officiels, que vous le remplissez; — il est grand, noble et auguste, car il vous associe à la paternité de Dieu; — il est délicat et important, car il a pour objet la jeunesse, d'un maniement toujours si difficile; cette jeunesse que Dieu aime et sur laquelle il fonde des espérances; cette jeunesse en laquelle il veut vivre et régner.

Cette jeunesse, acceptez-la, comme un dépôt sacré; ce ministère de paternité spirituelle que Dieu vous offre, acceptez-le, remplissez-le, honorez-le, en vous sanctifiant et en vous montrant de vrais ministres, de dignes représentants du « Père des cieux. »

Cette jeunesse, instruisez-la dans la science naturelle et dans la science surnaturelle; apportant à ce double enseignement toutes les dispositions et les qualités qui vous rendront capables de le communiquer.

Cette jeunesse, formez-la à la discipline, aux habitudes vertueuses; et, après lui avoir communiqué la vie chrétienne, surnaturelle, nourrissez-la du véritable aliment qui convient à l'âme : du pain de la vérité et du pain de vie, qui n'est autre que l'Eucharistie.

Cette jeunesse, aidez-la à vouloir ; en fortifiant sa volonté faible, indécise, inconstante, et, ce faisant, préparez les hommes de l'avenir.

Prêtres éducateurs, pour exercer avec succès et profit ce sublime ministère, mettez bien tous vos soins, à rendre votre autorité surnaturelle, consciencieuse, intelligente et perspicace, vigilante et prudente, juste et équitable, douce et patiente, bienveillante et paternelle, en même temps que ferme et énergique, humble et condescendante, édifiante et exemplaire, zélée enfin et apostolique.

Même en réunissant toutes ces qualités, du moins, à un certain degré, votre autorité sera-t-elle toujours reconnue, respectée, récompensée ? Vos efforts seront-ils toujours fructueux ? Hélas ! non. Prêtres éducateurs, vous semez, et vos semences ne germeront pas toutes ni partout ; vous enfantez, et c'est au prix de douleurs plus grandes que celles des mères selon la nature ; et parmi ces enfants que vous aurez engendrés, entourés de tant de soins, beaucoup peut-être, fils ingrats, se retourneront contre vous ; et parmi ces âmes pour le salut desquelles vous aurez dépensé toute votre sollicitude, beaucoup aussi peut-être se perdront... Ce sera l'insuccès, l'inanité des efforts, du dévouement ! O prêtres, gardez-vous bien de douter, de murmurer, de vous décourager. Ces épreuves sont salutaires, sont fécondes !

Songez plutôt aux joies que Dieu vous réserve d'engendrer un grand nombre d'âmes à la vie chrétienne, et de vous voir entourés, là-haut et même dès ici-bas, d'une glorieuse couronne de vrais fils. Songez à l'abondante moisson de mérites que vous vous préparez par vos efforts et vos labeurs persévérants ; songez à cette moisson abondante aussi d'âmes formées et sauvées par vous ; songez à l'éternelle et divine récompense dont Dieu couronnera un jour votre vie d'abnégation et de dévouement, à l'incomparable gloire à laquelle il vous élèvera, à la splendeur de lumière immortelle dans laquelle il vous placera... Songez enfin à l'ineffable béatitude dont il inondera vos cœurs dans son céleste royaume !

Prêtres éducateurs, voilà ce que vous êtes, ce que vous devez faire, et voilà quel sort vous attend si vous êtes fidèles !

Fidèles, soyez-le jusqu'à la mort ! *Esto fidelis usque ad mortem !*[1]

Heureux celui que le Seigneur aura trouvé tel : « *Beatus ille servus quem cum venerit Dominus ejus, invenerit sic facientem !* »[2]

1. Apoc., II, 10.
2. Matth., XXIV, 46.

TABLE DES MATIÈRES

DEUXIÈME PARTIE

Les devoirs du prêtre éducateur

I. Devoirs généraux

II. Devoirs spéciaux

TROISIÈME PARTIE

Les vertus du prêtre éducateur
Caractères de son autorité

QUATRIÈME PARTIE

Les épreuves et les gloires du prêtre éducateur

I. Les épreuves du prêtre éducateur

II. Les gloires du prêtre éducateur

Paris. — Imp. Devalois, avenue du Maine, 144.

OUVRAGES DU R. P. LAMBERT

Les jeunes gens de l'Ancien Testament. Un vol. in-12 de xix-300 pages, avec lettre approbative de S. G. Mgr Jourdan de la Passardière, évêque de Rosea. — Prix.................. 2 fr.

Les jeunes gens du Nouveau Testament. Un vol. in-12 de xx-400 pages, avec lettre approbative de S. G. Mgr Chapon, évêque de Nice et de Mgr Baunard, recteur des Facultés catholiques de Lille. — Prix.................................... 2 fr. 50

Jeunesse et Vie chrétienne. Entretiens à des jeunes gens. Un vol. in-12 de xi-300 pages. Préface du marquis de Ségur. — Prix.. 2 fr.

(Librairie V. Lecoffre, 90, rue Bonaparte, Paris.)

Le Régime sauveur, ou la Communion dans les maisons d'éducation. Ouvrage honoré de lettres approbatives de LL. EE. les Cardinaux Rampolla, Sanfelice, Coulié et Bourret, et de NN. SS. Germain, évêque de Coutances, Guillois, évêque du Puy, Laroche, évêque de Nantes, etc. Un vol. in-12 de xii-400 pages. — Prix *franco*.. 3 fr. 50

La Communion fréquente et quotidienne. Remarques au sujet de quelques opinions émises dans l'ouvrage de Mgr Isoard, évêque d'Annecy, intitulé : *Le système du moins possible et demain dans la société chrétienne*. Une brochure in-16. — Prix.... 50 c.

De la Communion. Nouvelles remarques sur une brochure de Mgr Isoard intitulée : *Nouveau dire sur le système du moins possible*. Une brochure in-16. — Prix.. .... 50 c.

L'Éducation eucharistique des enfants. Une piqûre in-32. — Prix.. 25 c.

Comment traitons-nous la sainte Eucharistie? Une piqûre in-32. — Prix.................................. 10 c.

(Librairie religieuse, H. Oudin, 10, rue de Mézières, Paris).

Allons à la Sainte Table. *Appel aux chrétiens de toute condition et de tout âge.* Deuxième édition, honorée des approbations de S. E. le cardinal Parocchi, vicaire général de Sa Sainteté, et de plusieurs archevêques et évêques. Un vol. in-18. — Prix, *franco.* 1 fr.

Let ut go the Holy Table. An appeal to Christians of every age and condition, translated from the french, with Author's kind permission, by the Rev. W. Whitty, house of Missions, Enniscorthy. Browne et Nolan, Nassau street, Dublin.................... 1 fr.

Le premier martyr de l'Eucharistie. *Etude historique et critique sur saint Tharcisius, acolyte.* Ouvrage honoré d'une lettre approbative de M. le Commandeur J.-B. de Rossi. Un volume in-12. — Prix, *franco*.................................... 1 fr. 25

Un serviteur de l'Eucharistie : l'abbé Édouard Le Guillou, prêtre, professeur au collège de Lesneven (Finistèse), 1852-1893. Un beau vol. in-8° de IX-411 pages, orné d'un portrait héliogravure et honoré d'une lettre de S. G. Mgr Valleau, évêque de Quimper et de Léon. — Prix, *franco* .... 4 fr. 25

La dévotion du Bienheureux de la Salle enseignée à la jeunesse. Brochure in-18.............................. 50 c.

Michel Épitalon, diacre (1867-1890), deuxième édition. Une brochure in-12. — Prix, *franco*.......................... 1 fr.

Un enfant de la Sainte Table : Paul Blondel. (1874-1892). Brochure in-12, Prix, *franco*...................... 60 c.

L'Abbé Lambert, apôtre des sourds-muets. Brochure in-12. — Prix, *franco*.................................... 60 c.

Le Congrès eucharistique de Naples (1891). Brochure in-12. (Épuisé.)

Le Congrès eucharistique de Jérusalem (1893). Brochure in-12. — Prix, *franco*.................................... 1 fr.

Le recrutement et la formation des vocations ecclésiastiques. Fascicule in-12 de 15 pages. — Prix, *franco.* 15 c.

Le recrutement et la formation des vocations ecclésiastiques par la fréquente communion. Fascicule in-12 de 31 pages. — Prix, *franco*............................ 25 c.

Les retraites de rentrée dans les maisons d'éducation. Fascicule in-12 de 11 pages. — Prix, *franco*.............. 15 c.

Quelques observations sur la communion quotidienne. Fascicule in-12 de 8 pages........................ 10 c.

Vade-mecum de l'Écolier en retraite. Opuscule de propagande, in-32. (5e édition.)

Conseils à l'Écolier chrétien pour le temps des vacances, in-32. (3e édition.)

Conseils aux Élèves des Petits Séminaires pour le temps des vacances, in-32. (3e édition.)

Prix des trois derniers opuscules : l'unité, *franco :* 15 c. ; — la douzaine : 1 fr. 30 ; — le cent : 7 fr. 50 ; — le mille : 55 fr.

Tracts-Souvenirs de retraite. 4 pages in-32. *Ad qui venisti?* Pourquoi êtes-vous venu ? *Sto ad ostium et pulso.* Je me tiens à la porte et je frappe. — *Peccavi!* J'ai péché. — *Esto fidelis!* Sois fidèle ! — *Cautus esto!* Sois prudent ! — *Surge, comede.* Lève-toi, mange. — *Dilectus meus mihi et ego illi.* Mon bien-aimé est à moi et je suis à Lui. — *Corpus Domini nostri Jesu Christi...* Que le corps de Notre-Seigneur Jésus-Christ garde ton âme pour la vie éternelle.

Le cent 1 fr. ; — *franco :* 1 fr. 20.

FLEURS EUCHARISTIQUES DE LA VIE DES SAINTS

OPUSCULES DE PROPAGANDE EUCHARISTIQUE

Saint Louis, roi de France.

Saint Tharcisius, premier martyr de l'Eucharistie, *patron des enfants de la Persévérance.* Édition destinée aux garçons.

Le même. — Édition destinée aux grandes personnes.

La bienheureuse Imelda Lambertini, *patronne de la première Communion.* — Édition destinée aux jeunes filles.

La même. — Édition destinée aux grandes personnes.

Le bienheureux de la Salle, *fondateur et patron des Écoles chrétiennes.*

Saint François d'Assise, *patron du Tiers-Ordre de la Pénitence.*

Saint Vincent de Paul, *patron des Associations de Charité.*

Saint Pascal Baylon, *patron des Congrès eucharistiques.*

Prix de ces opuscules de 32 pages ; l'unité *franco :* 10 c. ; — la douz. 1 fr. ; — le cent : 7 fr. ; — le mille : 50 fr.

Saint Benoît-Joseph Labre, *dit le pauvre des Quarante-Heures.*

Saint François de Sales. — Saint Philippe de Néri. Prix de ces opuscules de 64 pages : l'unité. *franco* : 20 c.; — la douz. : 2 fr.; — le cent : 14 fr.; — le mille : 100 fr.

Pour se procurer tous ces ouvrages, s'adresser à l'auteur, 23, rue Oudinot, Paris.

A PARAITRE PROCHAINEMENT :

Jean de Gondallier de Tugny (1871-1898). Un vol. in-8° dédié aux jeunes gens. (Paraîtra en Janvier 1900.)

Le Frère Léon de Jésus, de l'Institut des Frères des Écoles chrétiennes. Un vol. in-8°.

EN PRÉPARATION :

Le Sacerdoce étudié dans l'Évangile et médité au pied de l'Eucharistie. Sujets de Méditations sacerdotales. Un vol. in-18.

Clément Roux, « le saint homme de Grasse » (1825-1892). Un vol. in-8°.

Deux Retraites évangéliques : *Le jeune homme riche.* — *L'enfant prodigue.* (Aux élèves des Petits Séminaires). Un vol. in-12.

OUVRAGES DE Mgr BAUNARD

RECTEUR DES FACULTÉS CATHOLIQUES DE LILLE

La Vénérable Louise de Marillac (Mlle Le Gras), fondatrice des Filles de la Charité de Saint Vincent de Paul. 6e mille. In-8e écu avec portrait.............. 5 fr. »

Le Cardinal Lavigerie, archevêque d'Alger et de Carthage, primat d'Afrique. 6e mille 2 vol. In-8e écu avec 2 portraits et 3 cartes.............. 9 fr. »
Franco.............. 10 fr. »

Le Général de Sonis, d'après ses papiers et sa correspondance. 48e édition augmentée d'appendices et de pièces justificatives sur les opérations militaires du 17e Corps de l'armée de la Loire durant le commandement du général de Sonis. In-8e écu avec portrait.............. 4 fr. »
Franco.............. 4 fr. 80

Dieu dans l'École.
Tome I. *Le Collège chrétien.* Instructions dominicales : Les Autorités de l'Ecole. La Journée de l'Ecole. L'Ecole et la Famille. 6e mille. In-8e écu.............. 5 fr. »
Tome II. *Le Collège chrétien.* Instructions dominicales : L'Ame de l'Ecole. L'Œuvre de l'Ecole. La sortie de l'Ecole. 5e mille. In-8e écu.............. 5 fr. »

Espérance. Un réveil de l'idée religieuse en France. 2e édition revue et augmentée. In-18 jésus.............. 2 fr. 50

Le Livre de la Première Communion et de la Persévérance. Edition de luxe, plié en portefeuille ou broché. Grand in-16 carré.............. 5 fr. »
— Le même ouvrage, édition ordinaire. 6e édition. Grand in-32 carré.............. 3 fr. »

Le Doute et ses victimes dans le siècle présent. 9e édition. In-18 jésus.... 3 fr. 75

La Foi et ses victoires. Conférences sur les plus illustres convertis de ce siècle.
Tome I. In-8e. 4e édition........ 6 fr. — In-18 jésus. 6e édition......... 3 fr. 75
Tome II. In-8e.............. 6 fr. — In-18 jésus. 4e édition.......... 3 fr. 75

L'Apôtre saint Jean. 6e édition. In-18 jésus avec gravure.............. 4 fr. »

Histoire de saint Ambroise. 3e édition. Beau volume in-8e écu avec portrait et plan de Milan au IVe siècle.............. 5 fr. »

Histoire de la vénérable mère M.-S. Barat, fondatrice de la Société du Sacré-Cœur. 3e édition. 2 forts volumes in-8e avec portrait. *Prix net*.............. 10 fr. 50
Franco.............. 12 fr. 50
— Le même ouvrage. 6e édition. 2 volumes in-18 jésus.............. 5 fr. »

Histoire de Madame Duchesne, fondatrice de la Société des Religieuses du Sacré-Cœur en Amérique. In-8e avec autographe et carte.............. 6 fr. 25

Le Vicomte Armand de Melun. 2e édition revue. In-8e écu avec portrait...... 4 fr. 50
Franco.............. 5 fr. 25

Histoire du cardinal Pie. 5e édition. 2 volumes in-8e avec portrait.............. 15 fr. »

Panégyrique de sainte Thérèse, prononcé le 15 octobre 1886. In-8e.............. 75 c.

Le Cardinal Lavigerie. Oraison funèbre prononcée à Lille en l'église Notre-Dame de la Treille, le 7 décembre 1892. In-8e écu.............. 1 fr. »

Autour de l'Histoire : Scènes et récits. 4e mille. In-12.............. 3 fr. 50
— Le même ouvrage. In-8e écu.............. 4 fr. »

Reliques d'histoire. In-12.............. 3 fr. 50
— Le même ouvrage. In-8e écu.............. 4 fr. »

Lettre à Nosseigneurs les Evêques et à Messieurs les Directeurs de Séminaires sur l'utilité de l'instruction scientifique dans le Clergé. 2e édition, augmentée. In-8e raisin.............. 75 c.

ABBÉ J. FONSSAGRIVES

AUMÔNIER DU CERCLE CATHOLIQUE DES ÉTUDIANTS DE PARIS

LE SACRIFICE DE LOIGNY

(La bataille du 2 décembre 1870)

DISCOURS PRONONCÉ A LOIGNY LE 2 DÉCEMBRE 1898

In-18 raisin avec plan.............. 1 fr.

ŒUVRES COMPLÈTES DU R. P. LACORDAIRE

Précédées d'une notice sur sa vie

9 vol. in-8°. 50 fr. — Les mêmes, 9 vol. in-18 jésus. 30 fr.

On vend séparément :

Vie de saint Dominique. In-18 jésus avec portrait........................ 3 fr. »
Conférences prêchées à Paris (1825-1851) et à Toulouse. 5 volumes in-18 jésus. (Tomes II à VI des Œuvres)........................ 20 fr. »
Œuvres philosophiques et politiques. In-18 jésus........................ 3 fr. »
Notices et panégyriques. In-18 jésus........................ 3 fr. »
Mélanges. In-18 jésus........................ 3 fr. »
Notice sur le P. Lacordaire. In-18 jésus........................ 50 c.
Vie de saint Dominique, illustrée d'après le P. Besson. In-8° raisin........ 12 fr. 50
Lettres à un jeune homme. 10e édition. Joli volume in-32 encadré........ 1 fr. 25
Sainte Marie-Madeleine. 11e édition. Joli volume in-32 encadré........ 1 fr. 25

ŒUVRES POSTHUMES DU R. P. LACORDAIRE

Lettres à Madame la Baronne de Prailly. In-8°........................ 7 fr. »
— Le même ouvrage. In-18 jésus........................ 3 fr. 75
Lettres à M. Th. Foisset. 2 volumes in-8°........................ 12 fr. 50
Lettres inédites. In-8°........................ 7 fr. »
Sermons, Instructions et Allocutions. Notices, Textes, Fragments, Analyses.
— Tome I. *Sermons* (1825-1849). In-8°........................ 7 fr. »
— Tome II. *Sermons* (1850-1856). *Instructions* données à l'École de Sorèze (1854-1861). In-8°........................ 7 fr. »
— Tome III. *Allocutions et écrits divers.* In-8°........................ 6 fr. »
— Le même ouvrage. Tome I. 3e édition. In-18 jésus........................ 3 fr. 75
— Tome II. 3e édition. In-18 jésus........................ 3 fr. 75
— Tome III. 3e édition augmentée. In-18 jésus........................ 3 fr. 75

CONFÉRENCES DU

R. P. DE RAVIGNAN

5e édit. 4 vol. in-18 jésus. 12 fr. 50

ŒUVRES

DE M. AUGUSTE NICOLAS

13 volumes in-8°....... 77 fr.
11 volumes in-18 jésus. 40 fr.

R. P. CHABIN
DE LA COMPAGNIE DE JÉSUS

LA SCIENCE DE LA RELIGION

In-8°........................ 5 fr.

M. AMÉDÉE DE MARGERIE
DOYEN DE LA FACULTÉ CATHOLIQUE DES LETTRES DE LILLE

H. TAINE

2e édition. In-8° écu......... 5 fr.

ABBÉ C. PIAT
PROFESSEUR A L'INSTITUT CATHOLIQUE DE PARIS

L'IDÉE

In-8° écu........................ 6 fr.

Géographie de l'Afrique chrétienne, par Mgr Toulotte, de la Société des Pères Blancs, vicaire apostolique du Sahara. Proconsulaire. In-8° avec carte........ 4 fr.
Vie du R. P. Siméon Lourdel, de la Congrégation des Pères Blancs de Notre-Dame d'Afrique, premier missionnaire catholique de l'Ouganda, par M. l'abbé A. Nicq, curé-doyen de Rivière. In-8° avec portrait........................ 5 fr.

LE R. P. H.-D. LACORDAIRE

SA VIE INTIME ET RELIGIEUSE

PAR LE R. P. CHOCARNE, DES FRÈRES PRÊCHEURS

5e édit. 2 vol. in-8°, portrait. 10 fr. — 8e édit. 2 vol. in-18 jésus.... 5 fr.

VIE DU REVme PÈRE A.-V. JANDEL

SOIXANTE-TREIZIÈME MAITRE GÉNÉRAL DE L'ORDRE DES FRÈRES PRÊCHEURS

PAR LE R. P. CORMIER

3e édition revue. Beau volume in-8° avec portrait. 4 fr.

R. P. NORBERT, franciscain

—

LES

RELIGIEUSES FRANCISCAINES

NOTICES

SUR LES DIVERSES CONGRÉGATIONS DE SŒURS DU TIERS-ORDRE RÉGULIER DE SAINT-FRANÇOIS ÉTABLIES ACTUELLEMENT EN FRANCE

In-12 illustré.............. 3 fr. 50

R. P. MARIE-BONAVENTURE

FRANCISCAIN

—

L'EUCHARISTIE

ET

LE MYSTÈRE DU CHRIST

D'APRÈS L'ÉCRITURE ET LA TRADITION

Elévations et considérations

Fort volume in-4°............. 7 fr. 50

R. P. LÉOPOLD DE CHERANCÉ

S. FRANÇOIS D'ASSISE

6e édit. In-18 jésus avec portrait. 2 fr. 50

S. ANTOINE DE PADOUE

12e mille.

In-12, gravure. 1 fr. 25 *franco*. 1 fr. 50

STE MARGUERITE DE CORTONE

2e édition. In-12, gravure....... 1 fr. 75

S. BONAVENTURE

In-12, gravure. 1 fr. 50. *Franco*. 1 fr. 80

Docteur COTELLE

—

S. FRANÇOIS D'ASSISE

ÉTUDE MÉDICALE

In-12.............. 1 fr. 50

R. P. MAYMARD

LE R. P. GAILHAC

Fondateur de l'Institut du S.-C. de Marie Vierge Immaculée, à Béziers

In-8° avec portrait. 3 fr.

Cantiques et Hymnes en l'honneur de saint Antoine de Padoue, publiés sous la direction des PÈRES FRANCISCAINS RÉCOLLETS.

Paroles seules. 2e édition. In-18..... 10 c. — Le cent, net.................. 7 fr.

Plain-chant et musique. 2e édition. In-18............................ 80 c.

MARQUIS ANATOLE DE SEGUR

—

HISTOIRE POPULAIRE

DE S. FRANÇOIS D'ASSISE

5e édition. In-18 raisin. 1 fr. 25

LE POÈME DE S. FRANÇOIS

5e édition. In-18 raisin. 1 fr. 30

Edition de luxe, photographie. 2 fr. 50

OUVRAGES DE M. CH. SAINTE-FOI

Heures sérieuses d'un jeune homme. 13e édition. In-32 encadré.......... 1 fr. 25

Heures sérieuses d'une jeune personne. 9e édition. In-32 jésus encadré... 1 fr. 50

Heures sérieuses d'une jeune femme. 9e édition. In-18 raisin encadré..... 2 fr. »

Vie du Serviteur de Dieu, Fr. Jérôme de Corléone, profès de l'Ordre des Frères mineurs Capucins par le R. P. ARSÈNE DE CHATEL. In-12 avec portrait..... 2 fr. 50

Légende des trois Compagnons : La vie de saint François d'Assise racontée par les frères Léon, Ange et Rufin, ses disciples. Traduite pour la première fois du latin avec une introduction de M. l'abbé HUVELIN. In-18.............................. 1 fr. »

VIE

DE LA VÉNÉRABLE MÈRE MARGUERITE-MARIE

PAR MGR JEAN-JOSEPH LANGUET

NOUVELLE ÉDITION

PAR M. L'ABBÉ L. GAUTHEY, VICAIRE GÉNÉRAL D'AUTUN

PRÉCÉDÉE D'UNE ÉPITRE DÉDICATOIRE A SA SAINTETÉ LÉON XIII PAR MGR PERRAUD

In-8° raisin, avec portrait et autographes........................ 6 fr.
Edition ordinaire, in-18 jésus........................ 4 fr.

HISTOIRE DU P. CLAUDE DE LA COLOMBIÈRE

PAR LE P. E. SEGUIN

2e édition. In-18 jésus avec portrait....... 3 fr. 50

VIES DE QUATRE DES PREMIÈRES MÈRES DE LA VISITATION

PAR LA R. MÈRE DE CHAUGY

REPRODUCTION INTÉGRALE DE L'ÉDITION DE 1659, ENRICHIE D'EXTRAITS INÉDITS DES MANUSCRITS ORIGINAUX

PUBLIÉE PAR LES SOINS DES RELIGIEUSES DE LA VISITATION D'ANNECY

In-8° écu........................ 5 fr.

ABBÉ G. MARCHAL

Professeur au petit séminaire de Langres

SAINT JEAN CHRYSOSTOME

(ANTIOCHE)

In-18 jésus........................ 2 fr. 50

SAINT ANTOINE LE GRAND

PATRIARCHE DES CÉNOBITES

PAR M. L'ABBÉ VERGER

In-8° écu................ 4 fr.

SAINT GRÉGOIRE DE NAZIANZE

SA VIE, SES ŒUVRES ET SON ÉPOQUE

PAR M. L'ABBÉ BENOIT

2e édition. 2 vol. in-18 jésus. 7 fr.

VIE DE SAINT PAUL

PAR M. L'ABBÉ VIX, DOCTEUR EN THÉOLOGIE, DU DIOCÈSE DE STRASBOURG

Un beau volume in-8° raisin............. 4 fr.

SAINTE MARCELLE

LA VIE RELIGIEUSE CHEZ LES PATRICIENNES DE ROME AU IVe SIÈCLE

PAR M. L'ABBÉ L. PAUTHE

2e édition. In-18 jésus....... 4 fr.

SAINT HILAIRE

ÉVÊQUE DE POITIERS

DOCTEUR ET PÈRE DE L'ÉGLISE

PAR M. L'ABBÉ P. BARBIER

DU DIOCÈSE D'ORLÉANS

In-18 jésus................ 3 fr. 75

R. P. HENRI DE GREZES, CAPUCIN

Histoire de l'Institut du saint Enfant-Jésus, dit de Saint-Maur, de 1700 à 1877 et Vie de la R. Mère de Faudoas, Supérieure Générale (1837-1877). In-8° avec 3 portraits........................ 4 fr. 75

Un grand Missionnaire Capucin au XVIIe siècle : Vie et missions du R. P. Honoré, de Cannes (1632-1694). In-8°........................ 4 fr.

VIE DE M. OLIER

FONDATEUR DE LA COMPAGNIE ET DU SÉMINAIRE SAINT-SULPICE

PAR M. FAILLON, PRÊTRE DE LA MÊME COMPAGNIE

3 volumes in-8° raisin. 4° édition, avec 30 gravures............... 22 fr. 50

HISTOIRE DE M. ÉMERY ET DE L'ÉGLISE DE FRANCE

PENDANT LA RÉVOLUTION ET L'EMPIRE

PAR Mgr MÉRIC

5° édition. 2 vol. in-12 avec portrait.................... 5 fr.

ŒUVRES SPIRITUELLES DE M. OLIER

Catéchisme chrétien pour la vie intérieure. In-32 raisin............... 75 c.
Esprit d'un directeur des âmes (L') 70 c.
Explication des cérémonies de la grand'messe de paroisse, selon l'usage romain. In-32 raisin....... 1 fr. 25
Introduction à la vie et aux vertus chrétiennes. In-32 raisin...... 1 fr. »
Journée chrétienne (La). Nouvelle édit. augmentée. In-32 raisin........ 1 fr. »
Lettres spirituelles. Nouvelle édition. 2 volumes in-32 raisin.......... 2 fr. 50

MÉDITATIONS SUR LES PRINCIPALES OBLIGATIONS

DE LA VIE CHRÉTIENNE ET ECCLÉSIASTIQUE

PAR M. L'ABBE CHENART

REVUES PAR M. GOSSELIN ET PAR M. ICARD, DE LA COMPAGNIE DE ST-SULPICE

2 volumes in-18............. 2 fr. 50

VIE

DE M. DE COURSON

12° SUPÉRIEUR DU SÉMINAIRE ET DE LA COMPAGNIE DE SAINT-SULPICE

In-18 jésus avec portrait. 4 fr.

M. TEYSSEYRRE

FONDATEUR DE LA COMMUNAUTÉ DES CLERCS DE SAINT-SULPICE

PAR M. L'ABBÉ PAGUELLE DE FOLLENAY

In-18 jésus avec portrait. 4 fr.

L'Ancienne Maîtrise de Notre-Dame de Chartres, du V° siècle à la Révolution, avec pièces, documents et introduction sur l'emploi des enfants dans l'office divin aux premiers siècles, par M. l'abbé CLERVAL, professeur d'histoire ecclésiastique à l'Institut Catholique de Paris. In-8° raisin avec chromolithographie.................. 6 fr.

De la Crèche au Calvaire. Méditations d'après saint Bonaventure et saint Ignace, avec une introduction par Mgr D'HULST. In-18 raisin.................. 3 fr. »

Résurrection (De la) **à l'Ascension et du Cénacle à Rome.** Méditations avec une introduction par Mgr D'HULST. In-18 raisin.................. 4 fr. »

Le Chemin de Croix des Enfants, précédé d'une lettre de Mgr D'HULST. 3° édition. In-18 avec gravures, relié toile de couleur, ornements en noir. Le cent. *Net.* 20 fr. »

Manuel des Enfants de Marie, à l'usage des Religieuses du Saint Enfant-Jésus, dites de Saint Maur. In-32 jésus sur papier indien, encadré rouge avec gravure. 5 fr. »

Manuel des Enfants de Marie, à l'usage des Ouvroirs et des écoles des Filles de la Charité. Gros in-32 raisin, avec gravure.................. 1 fr. 20

Manuel des Enfants de Marie Immaculée, à l'usage des réunions externes, dirigées par les Filles de la Charité. Gros in-32 jésus avec gravure.................. 1 fr. 75

Manuel des Enfants de Marie, d'après les règles de la Congrégation prima-primaria, par le R. P. A. CAHOUR, S. J. In-32 jésus.................. 1 fr. »

Zèle de la perfection religieuse (Du), par le P. Joseph BAYMA, S. J. Traduit par le R. P. OLIVAINT. 7° édition. In-32 raisin.................. 75 c.

Philosophie et Athéisme, par E. HELLO (Œuvres posthumes). In-12........ 3 fr. 50

Guide du Pèlerin au Sanctuaire séculaire de l'Immaculée-Conception, dans l'église Saint-Séverin, à Paris, par M. l'abbé DE MADAUNE. In-12.............. 1 fr. »

DISCOURS DU COMTE ALBERT DE MUN

DE L'ACADÉMIE FRANÇAISE

ACCOMPAGNÉS DE NOTICES PAR CH. GEOFFROY DE GRANDMAISON

Tome I. **Questions sociales.** In-8°.......... 7 fr. 50 — In-18 jésus. 3e édition. 4 fr.

Tomes II et III. **Discours politiques.** 2 vol. in-8°. 15 fr. — 2 vol. in-18 jésus...... 8 fr.

Tomes IV et V. **Discours et écrits divers.** 2 vol. in-8°.......... 15 fr. — 2 vol. in-18 jésus.......... 8 fr.

Abbé PLANUS

VICAIRE GÉNÉRAL D'AUTUN

LE PRÊTRE

I. UNE RETRAITE PASTORALE. 3e édition. In-18 jésus.................. 3 fr.
II. SECONDE RETRAITE PASTORALE. 2e édition. In-18 jésus............ 3 fr.
III. CONFÉRENCES ECCLÉSIASTIQUES. 2e édition. In-18 jésus......... 3 fr.

ALLOCUTIONS ET DISCOURS

2e édition. In-18 jésus................................ 3 fr. 50

MANUEL DES ŒUVRES

INSTITUTIONS RELIGIEUSES ET CHARITABLES DE PARIS

ET PRINCIPAUX ÉTABLISSEMENTS DES DÉPARTEMENTS

POUVANT RECEVOIR DES ORPHELINS, DES INDIGENTS ET DES MALADES DE PARIS

Nouvelle édition. (*Sous presse.*)

Discussion concordataire (La) au Sénat et à la Chambre des Députés les 9, 11 et 12 décembre 1891, par S. E. le Cardinal PERRAUD, évêque d'Autun, membre de l'Académie française. 2e édition. In-18 jésus.................. 1 fr.

Quelques réflexions au sujet de l'Encyclique du 16 février 1892 adressée à la France, par S. E. le Cardinal PERRAUD, précédées du texte de l'Encyclique et d'une lettre de Sa Sainteté le Pape Léon XIII. In-18 jésus.................. 1 fr.

Frères des Écoles chrétiennes (Les) et l'enseignement primaire après la Révolution (1797-1830), par M. A. CHEVALIER. In-8°.................. 5 fr.

Vie du Bienheureux de la Salle, fondateur de l'Institut des Frères des Écoles chrétiennes, par M. Abel GAVEAU, prêtre. 3e édition. In-8°, ouvrage illustré de nombreuses gravures.................. 1 fr. 50

Vie du Bienheureux de la Salle, par M. le chanoine BLAIN. 3e édition. In-8° 7 fr. 50

Esprit et vertus du B. Jean-Baptiste de La Salle. In-12......... 3 fr. 50

Pensées choisies du R. P. Lacordaire, extraites de ses œuvres et publiées sous la direction du R. P. CHOCARNE. 9e édition. 2 vol. in-32 encadré.......... 3 fr. »

Lectures pour chaque jour, extraites des écrits des saints et des bienheureux sous la direction du R. P. CHOCARNE, des FF. Prêcheurs. 2 vol. in-32 jésus.......... 3 fr. »

Essai sur les missions dans les pays catholiques. Leur histoire, leur utilité, les diverses méthodes à employer et les devoirs des Missionnaires, par le R. P. DELPEUCH. In-18 jésus.................. 1 fr. 50

Saint Luc, patron des anciennes Facultés de médecine, par le Docteur DAUCHEZ. In-8° illustré.................. 1 fr. 50

Encyclique du 8 décembre 1864 et les principes de 1789 (L') ou l'Église, l'État et la Liberté, par M. Émile KELLER, député. 2e édition. In-18 jésus.......... 3 fr. »

Église (L') et le Droit romain. Études historiques par M. G. DE MONLÉON. In-12. 3 fr. »

Les Apôtres ou Histoire de l'Église primitive, par Mgr DRIOUX, vicaire général de Langres, etc. Ouvrage honoré de plusieurs approbations épiscopales. In-8° 7 fr. 50

LA SAINTE VIERGE

ÉTUDES ARCHÉOLOGIQUES ET ICONOGRAPHIQUES

PAR M. CH. ROHAULT DE FLEURY

Deux volumes in-4°, imprimés avec luxe sur très beau papier de Hollande, ornés de 157 planches gravées et de 600 sujets dans le texte.......... 100 fr.

LES CARACTÉRISTIQUES DES SAINTS

DANS L'ART POPULAIRE

ÉNUMÉRÉES ET EXPLIQUÉES PAR LE P. CH. CAHIER, DE LA Cie DE JÉSUS

2 vol. gr. in-4°, ornés de nombreuses gravures sur bois. *Net.* 64 fr.

L'ABBÉ J. MALLET

COURS D'ARCHÉOLOGIE RELIGIEUSE

Architecture. In-8°, 6° édition avec 200 figures dans le texte.................. 4 fr.
Le Mobilier. In-8°, 2° édition avec 130 figures dans le texte.................. 4 fr.

L'ART CHRÉTIEN

In-18 jésus.............................. 3 fr.

LA PRATIQUE DU RATIO STUDIORUM

POUR LES COLLÈGES

Par le R. P. PASSARD, S. J.

Nouvelle édition. In-8°.. 3 fr. 50

R. P. DELBREL, S.-J.

DES VOCATIONS

Sacerdotales et religieuses

DANS LES

COLLÈGES ECCLÉSIASTIQUES

2° édit. In-18 jésus........... 1 fr. 50

R. P. EMMANUEL BARBIER, S.-J.

LA DISCIPLINE

DANS LES

ÉCOLES SECONDAIRES LIBRES

In-18 jésus........................ 2 fr

ABBÉ BERTRIN

LA QUESTION HOMÉRIQUE

VARIÉTÉS LITTÉRAIRES

In-12................ 3 fr. 50

R. P. BAINVEL, S. J.

CAUSERIES PÉDAGOGIQUES

In-12.... 3 fr. 50

L'État et ses rivaux dans l'enseignement secondaire, par le R. P. BURNICHON, S.-J. In-18 jésus.. 3 fr. 50

OUVRAGES DE M. J. GUIBERT

PRÊTRE DE SAINT-SULPICE, DIRECTEUR DU SÉMINAIRE DE L'INSTITUT CATHOLIQUE DE PARIS

L'Éducateur apôtre : Sa préparation, l'exercice de son apostolat. 12° mille augmenté de la « Direction spirituelle dans les maisons d'éducation ». In-18 raisin.... 2 fr. »
La Direction spirituelle dans les maisons d'éducation. In-18 raisin....... 30 c.
La Culture des vocations. 7° mille. In-18 raisin.......................... 1 fr. 50
Conseils sur la vocation, offerts à la jeunesse chrétienne. In-18 raisin..... 60 c.
Devoirs d'un Séminariste. In-32 encadré rouge.......................... 50 c.

Des moyens de développer, par l'éducation, la dignité et la fermeté du caractère, par le chanoine G. GINON, ancien supérieur du petit séminaire du Rondeau, 4° édition. In-18 raisin.. 1 fr. 25

La Jeunesse chrétienne, par M. l'abbé P. BARBIER, premier aumônier du pensionnat Sainte-Euverte d'Orléans. In-16 raisin.

1re série : SES DEVOIRS.. 2 fr.
2° série : SES TENTATIONS.. 2 fr.

Centenaire célébré à l'église des Carmes en l'honneur des victimes de Septembre 1792. Compte rendu des cérémonies du Triduum : Discours prononcés par Mgr DE CABRIÈRES, évêque de Montpellier, M. l'abbé SICARD, du clergé de Paris et Mgr D'HULST. In-8°. 1 fr. 50

La Maison des Carmes (1610-1875), par M. l'abbé PISANI, professeur à l'Institut catholique de Paris. Joli volume in-18 avec plan.............................. 1 fr. 25

VIE DE N.-S. JÉSUS-CHRIST

Par M. l'abbé PUISEUX, AUMONIER DU COLLÈGE DE CHALONS-SUR-MARNE

2e édition. In-18 jésus, illustré. Broché. 1 fr. 50. — Relié toile pleine. 1 fr. 80

LES QUATRE ÉVANGILES

Traduction de LEMAISTRE DE SACY, corrigée, avec introduction, notes, index, une carte de la Palestine, plans et gravures

PAR M. L'ABBÉ S. VERRET

SUPÉRIEUR DU PETIT SÉMINAIRE DE NOGENT-LE-ROTROU

In-18 jésus broché. 3 fr. — Relié toile pleine, avec fers spéciaux dorés. 3 fr. 75

NOVUM TESTAMENTUM

JUXTA EXEMPLAR VATICANUM

In-32 raisin. Texte encadré. Broché... 1 fr. 25 — Relié toile pleine... 2 fr.

COURS D'INSTRUCTION RELIGIEUSE

Par Monseigneur E. CAULY, vicaire général de Reims

Ouvrage honoré d'un bref de Sa Sainteté Léon XIII

I. **Le Catéchisme expliqué.** 28e édition. In-18 jésus........................ 3 fr. »
II. **Histoire de la Religion et de l'Eglise.** 7e édit. In-18 jésus.............. 3 fr. 50
III. **Recherche de la vraie religion.** 9e édition. In-18 jésus.............. 2 fr. 75
IV. **Apologétique chrétienne.** 5e édition. In-18 jésus.................... 2 fr. 75

APOLOGIE SCIENTIFIQUE DE LA FOI CHRÉTIENNE

Par Monseigneur DUILHÉ DE SAINT-PROJET

RECTEUR DE L'UNIVERSITÉ CATHOLIQUE DE TOULOUSE

5e édit., mise au niveau des derniers progrès de la science. In-12..... 3 fr. 50

OUVRAGES DE M. L'ABBÉ GAYRARD

CONSIDÉRATIONS POUR **LA MÉDITATION QUOTIDIENNE**
4 beaux volumes in-12. 12 fr.

EXPLICATION DU PATER
OUVRAGE SUIVI DE MÉDITATIONS
Sur le S.-C. de Jésus et le saint Cœur de Marie
In-18 jésus.. 2 fr. 50

GUIDE POUR L'EXPLICATION LITTÉRALE ET SOMMAIRE DU CATÉCHISME DE PARIS
9e édition. In-18. 1 fr. — Cartonné. 1 fr. 25

COMMENTAIRE LITTÉRAL DU CATÉCHISME DE PARIS
7e édition. In-18. 1 fr. 50 — Cartonné. 1 fr. 75

PLANS D'INSTRUCTIONS

POUR UN CATÉCHISME DE PERSÉVÉRANCE

(PAROISSES ET INSTITUTIONS)

Par M. l'abbé LE REBOURS

DOGME — MORALE — CULTE — HISTOIRE DE L'ÉGLISE

2e édition. Chaque brochure in-8e. 50 c. — Les quatre années réunies.... 2 fr.

Notre Religion, par M. l'abbé H. DELOR, curé de Saint-Pierre, à Limoges, approuvée par plusieurs Archevêques et Evêques. 2e édition. In-8e.................. 4 fr.
Catéchisme simplifié dédié aux catéchistes volontaires. In-32 raisin......... 25 c.

IMITATION DE JÉSUS-CHRIST

TRADUCTION INÉDITE DU XVIIe SIÈCLE

PUBLIEE PAR AD. HATZFELD

Un volume in-8° raisin, papier glacé avec gravures........................ 20 fr.

LA MÊME TRADUCTION, sans le texte latin, avec des réflexions tirées des œuvres de Bourdaloue. Gros in-32 raisin avec gravure. 1 fr. 50

DE LA BÉNÉDICTION A TRAVERS LES TEMPS

ÉLÉVATIONS SUR LES BIENFAITS DE DIEU

PAR MICHEL LOUENEAU

In-18 raisin.. 3 fr. 50

VIE CHRÉTIENNE D'UNE DAME DANS LE MONDE

PAR LE R. P. DE RAVIGNAN

4e édition. In-12.......................... 3 fr.

MÉDITATIONS

SELON LA MÉTHODE DE SAINT IGNACE

Sur les principaux Mystères de la T. S. Vierge

ET POUR LES FÊTES DES SAINTS

8e édition. In-12.......... 2 fr.

EXERCICES SPIRITUELS

DE SAINT IGNACE

TRADUITS

Par le R. P. P. JENNESSEAUX, S. J.

14e édition. In-12....... 3 fr.

COURTES MÉDITATIONS

POUR TOUS LES JOURS DE L'ANNÉE

PAR LE P. PAUL GABRIEL ANTOINE, S. J.

4e édition. In-18 raisin. 2 fr.

TRAITÉ DE L'AMOUR DE DIEU

DE SAINT FRANÇOIS DE SALES

EDITION REVUE ET PUBLIÉE PAR LE P. MARCEL BOUIX

Très beau volume in-8° jésus, avec gravure.................................. 12 fr.

MÉDITATIONS SUR TOUS LES ÉVANGILES

DU CARÊME ET DE LA SEMAINE DE PAQUES

PAR LE R. P. PÉTETOT, SUPÉRIEUR GÉNÉRAL DE L'ORATOIRE

PRÉCÉDÉES D'UNE NOTICE BIOGRAPHIQUE SUR L'AUTEUR, PAR LE P. LESCŒUR

Fort volume in-18 jésus..................... 4 fr.

Chemin de la Croix des Femmes chrétiennes. 2e édition. In-32 raisin...... 25 c.

Le Gouvernement de l'Église, ou principes du Droit ecclésiastique, exposés aux gens du monde, par M. l'abbé P.-A. LAFARGE.

— DROIT PUBLIC. In-8°.. 7 fr. 50

Traité de l'administration temporelle des paroisses, avec tableau chronologique des lois et règlements, par Mgr AFFRE. 11e édition (1890), mise au courant de la Législation et de la Jurisprudence, par Mgr PELGÉ. In-18 jésus.................. 3 fr.

OUVRAGES DE M. L'ABBÉ CHEVOJON

CURÉ DE NOTRE-DAME DES VICTOIRES

Le Manuel de la jeune fille chrétienne, approuvé par Mgr l'archevêque de Paris. 10e édition. In-32 raisin encadré.......... 1 fr. 50

La Perfection des jeunes filles, approuvé par Mgr l'Archevêque de Paris. 12e édition. In-32 raisin encadré.......... 1 fr. 50

Le Souvenir des morts ou moyen de soulager les âmes du Purgatoire. Nouvelle édition entièrement remaniée par l'auteur. In-32 raisin.......... 1 fr. 25

CHOIX DE LECTURES CHRÉTIENNES

3e édition augmentée. In-18 raisin.......... 3 fr.

ANNÉE FRANCISCAINE

OU COURTES MÉDITATIONS SUR L'ÉVANGILE

A L'USAGE DES TERTIAIRES DE SAINT FRANÇOIS

2 forts volumes in-12.......... 8 fr.

COURTES MÉDITATIONS ASCÉTIQUES

POUR TOUS LES JOURS DE L'ANNÉE

PAR LE R. P. JOSEPH DE DREUX, DES FRÈRES MINEURS CAPUCINS

OUVRAGE INÉDIT DU XVIIe SIÈCLE, REVU ET PUBLIÉ

PAR LE R. P. SALVATOR DE BOIS-HUBERT, CAPUCIN

In-18 jésus.......... 2 fr. 50

OEUVRES COMPLÈTES DU P. AMBROISE DE LOMBEZ

RECUEILLIES ET PUBLIÉES PAR LE P. FRANÇOIS DE BENEJAC

Traité de la Paix intérieure. In-12 avec portrait.......... 1 fr. 50

Lettres spirituelles. 2e édition. In-12 avec gravure.......... 1 fr. 50

Traité de la joie de l'âme chrétienne. In-12 avec gravure.......... 1 fr. 50

LES MÉDITATIONS DE LA VIE DU CHRIST

PAR SAINT BONAVENTURE

TRADUITES PAR M. H. DE RIANCEY

7e édition. In-18 raisin.......... 3 fr.

Offices de l'Église, complets, expliqués et annotés, suivis de prières tirées des œuvres de saint Augustin, sainte Thérèse, saint François de Sales, Bossuet, Fénelon, etc., par Madame DE BARBERRY. 6e édition. Gros in-32 jésus.......... 4 fr. »

Petits Offices en français, précédés d'une courte méthode pour entendre la sainte Messe les jours de communion ; dédiés aux jeunes personnes pieuses. 36e édition encadrée sur papier teinté. In-32.......... 50 c.

La Piété séraphique proposée aux âmes de bonne volonté, par le R. P. RENÉ DE NANTES, des Frères Mineurs Capucins. In-18 encadré rouge.......... 1 fr. 50

Pensées et affections sur la Passion de N.-S. Jésus-Christ, pour tous les jours de l'année, par le R. P. Gaëtan-Marie DE BERGAME. 2 vol. gros in-32 jésus..... 3 fr. 50

Pensées et affections sur les mystères et sur les fêtes, par le R. P. Gaëtan-Marie DE BERGAME. 2 vol. in-18 raisin.......... 4 fr. »

Marie Jenna, sa vie, ses œuvres, par Jules LACOINTA. Etude suivie de lettres de Marie Jenna. 2e édition. In-18 jésus.......... 3 fr. 50

Élévations poétiques et religieuses, par Marie JENNA. 5e édition augmentée de pièces inédites. In-18 jésus.......... 3 fr. »

Pensées d'une croyante, par Marie JENNA. 2e édition encadrée. In-32 raisin.. 1 fr. »

Livre de Messe (Le premier), offert aux enfants, par Marie JENNA. In-32....... 1 fr. »

— PARIS. IMP. DEVALOIS, AVENUE DU MAINE, 144. — 9-99.